2

はじめての
学級づくり
シリーズ 2

○△□

リーダーを育てよう

大和久 勝 ÔWAKU MASARU
丹野 清彦 TANNO KIYOHIKO

HAJIMETENO GAKKYU DUKURI
SERIES 2

クリエイツかもがわ
CREATES KAMOGAWA

はじめに

大和久 勝

はじめての学級づくりシリーズ1『班をつくろう』を二〇一四年一一月に発刊しました。六人の執筆者陣が、それぞれに自分の味を出して、なかなか読みごたえのある本となりました。まず、執筆者の全員が納得し満足しているということは、いい本ができたということです。

手にされたみなさんからも好評で、職場やサークルの学習会、講座のテキストなどに使っていただいていることを聞き、大変うれしく思っています。

初心者にも経験者にも同じように「わかりやすく学べる本」を目指しました。「大事なことはしっかり伝えよう」「難しいこともわかりやすく伝えよう」「教師の仕事の楽しさ、面白さを伝えよう」と考えてきました。これは、シリーズ全体を貫く私たちの考えです。

さて、シリーズ2『リーダーを育てよう』ができあがりました。新しい執筆陣に加わっていただきましたが、内容の組み立ては前回と同じようにしています。

シリーズの目玉となる「ワークショップ編」では、項目ごとに、それぞれの執筆者が、自分の実践も入れながら、わかりやすく解説しています。明快に表現されていますが、それぞれの執筆者の長年の経験と試行錯誤のくり返しの中から育てられた方法論です。実践に裏づけされた値打ちのある内容です。前回と同じく岩本みよ子さんのイラストが今回も冴えわたっています。

第2章の「実践編」では、低学年、中学年、高学年の発達段階をふまえた実践記録が集められています。テーマにある「リーダーづくり」を軸としながらも、単に方法論で終わらない実践の紹介になっています。

目の前に子どもたちがいます。子どもの背後には家庭や地域があって、それぞれが抱える課題は多様です。教師個人の個性も学級づくりにとっては欠かせません。地域によっても実践の仕方は変わってきます。そんな学級づくりの多様性や、面白さをわかってもらいたいと思っています。

第3章の「やさしい理論編」では、第2章の〈実践記録から学ぶ〉という形で「学級づくりとは何か」「リーダーづくりとは何か」をわかるようにしています。

私たちは、学級づくりを3つの方法に分けてとらえています。「班づくり」「リーダーづくり」「討議づくり」の三つの方法です。それぞれに意味が深いのですが、学級づくりにとって、どれも欠かせないものです。この三つの方法を理解したら、学級づくりが豊かに展開できるようになると思います。教師の仕事が一段と楽しくなります。ぜひ、三つあわせて勉強してください。

リーダーを育てよう：もくじ

第1章

リーダーを育てよう

ワークショップ編

その1 リーダーをさがせ

仲のいい、まとまりのあるクラスにしたいよ～
子どもたちで、なんでも話し合えて、
自分たちで、できるクラスが夢なんだ。
だけど、リーダーがいないよ～

ちょっと待った！
いるじゃないか。あなたのすぐ隣に。
ええー！　あの子が？

((((リーダーをさがす3つのポイント))))

❶授業中の様子

❷休み時間や放課後

❸子どもに聞いてみる

① リーダーはどんな人？

「あなたの理想のリーダーは、どんな子どもですか？」

と聞かれたら、どう答えるでしょう。きっと、

「勉強ができて、自分のことがきちんとできる子。それでいて、友だちからも人気があって、やさしい子。欲を言えば……」

もう十分、あなたの理想は、わかりました。でも、一人の子どもに多くのことを望みすぎです。

きっとあなたは、リーダーは何でもできなきゃいけない。みんなから信頼される立派な子どものことだ、と思い込んでいるのでしょう。でも、相手は子どもです。いいところもあれば苦手なところもある。でこぼこしているものです。初めから、立派な人なんていないんです。

少し考え方を変えてみませんか。

リーダーは育てるものです。仕事を一つずつ教えていけば、誰でもできる。それぞれの子どもがもっている、いいところを集めれば、きっと理想のリーダーになるはず。

なるほど、ジグソーパズルのようにパーツを組み合わせていくと、一人の理想のリーダーが生まれる、そう考えればいいわけです。

❷ どんな子に注目するの？

それでは、どんな子どもをリーダーに育てたらいいのでしょうか。ぼくは、班で係りをしようとか、班で休み時間に五分でいいから一緒に遊ぼうと働きかけます。すると、子どもたちの個性が見えてきます。

●しっかり者
自分のことができ、お世話もできます。真面目なので頼りすぎるとクラスに面白みがなくなります。

●遊びのリーダー
休み時間になると、一番に外に飛び出すタイプ。四年くらいから影響力をもち始めます。たまに反発することも。

●ふざける子
授業中、おしゃべりをし、脱線させるタイプ。勉強は苦手ですが、ユーモアがあり、クラスの雰囲気をつくります。

●勉強ができる子
子どもの世界でも認められる一般的なリーダーです。しかし、教師の答えを読み、自分を出しません。

●おとなしい子
控えめでおとなしく、周りをよく見ている子。内面を探ることが得意で、相手の事情を理解し、あとあと活躍します。

●思っていることを言う子
はっきりとものを言うため友だちはいないか、少ない。この子の発言で考えさせられ、討論が盛り上がります。

3 どうやってリーダーをさがすの？

発見する方法は、次の三つに目を向けることです。

●一つは授業中の様子　●休み時間の様子　●仕事を頼んだときの様子

特にくり返しているのは、仕事を頼むことです。五年生を受け持ったときでした。

「職員室へ行って、ぼくの教科書をとってきて！」

と頼むと、荒金くんがさぁーっと走ります。人なつっこい人です。次の週、

「三時間目に体育館を使わないか、誰か四年生に聞いてきて！」

と言うと、走るのは薬師寺くん。後を追いかけたのは、荒金くんです。

「先生、四年生は、体育館を使わないそうです」

と、息を切らしながら話すと、

「ありがとう！　きみのおかげで、ドッジボールができるよ。拍手」

こうすると、活動的なリーダーが育ってきます。クラスのムードは明るくなります。でも、仕事をきちっとするリーダーも必要です。困ったときは、子どもたちに

「誰が、しっかりしてやさしい人なの？」

聞きます。すると、

「玲奈さんかな。勉強もできるよ」

なるほど、いつも確かに手をあげて発言しているな、と納得しました。

④ リーダーは変化・発展するの？

玲奈さんがいると名札調べや掃除の確かめなど、生活目標の点検は忘れずにできました。四月の終わり、薬師寺くんと荒金くんがやって来て、

「誕生日会をしたい」

と、言い出しました。黙って聞いていると、

「去年もしたよなあ。出し物やドッジボールもしたなあ。してえ!」

と言うので、画用紙に簡単な文を書き提案してもらいました。決められたことを確実にやる玲奈さん。自分の要望やみんなの希望を聞いて提案する荒金くんと薬師寺くん。お互いの良さを出して進めていきました。

すると二学期になって、クラス対抗全員リレー大会をしようと学級委員が提案しました。

「よーし、勝っちゃん。絶対に負けん」

みんなが言いました。そのとき、

「うち、したくない」

緑川さんが、ため息をつきました。ぼくは、みんなを静かにさせて、

「どうして緑川さんは、したくないとつぶやいたのかな」

問いかけました。

「抜かれるのが嫌いなんや」

と誰かが言ったとき、おとなしい愛菜さんが、

「みんなからまた抜かれたと思われ、暗い気持ちになるんじゃないの」

と言いました。緑川さんは、小さくうなずきました。

「私、緑川さんの気持ちがわかります。私も走るのが遅いから。だから、みんなも自分の苦手なことを教えてください。そしたら気持ちが楽になりそう」

愛菜さんの言葉に、今度は苦手なこと発表会が始まりました。

一〇月あたりになると、学級イベントをするにしても、予期せぬトラブルが起こります。そうしたときに、どうしたらうまくいくのかではなく、その人はなぜ、そう発言したのだろう、と内面を探るようにします。そこで新しいリーダーが登場します。友だちの悩みに共感する、抱えている事情を理解するリーダーです。一年の前半は、実務的な仕事や雰囲気を盛り上げるリーダーを、後半は友だちの内面を探り共感するリーダーを育てることに力を入れましょう。きっとできるから、やってみて。


（丹野　清彦）

その2 リーダーの仕事はなあに？

リーダーの仕事ってどんなことかしら？
いろいろあることは知ってるんだけど
やっぱり、わかんな～い！

意外とわからないのがリーダーの仕事。
あなたは、リーダーの仕事をまとめていますか。
ええっ？　まとめていない！
それじゃ子どもたちも大変だよ。

仕事を教える３つのステップ

❶ひとつずつ教える

❷仕事を順にまとめる

❸まとめたら掲示する

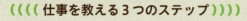

1 リーダーの仕事は、いくつあるの？

リーダーを育てたい。誰もが思うことです。でも、どうやって？　そして何から順に教えたらいいのでしょう。おっと、ちょっと待ってください。リーダーに教える仕事って、いくつあるのか、まとめてみましょうね。

1●プリントを配る

「班長さん、プリントを取りに来てください」と呼び、班の人に配ってもらいます。誰でもできます。

2●班の人に声をかける

朝、学校に来たら班の人に声をかける仕事です。相手がニコッとするような言葉をかけてね、と頼みます。

3●班の活動を一番にする

例えば、班で係りをするとき、「さあ、やろうよ」みんなを誘い、一番に始める仕事です。他の活動でもありそうです。

4●班会議の司会をする

班で話し合いや、相談するときの司会です。みんなの考えを聞き、班の意見をまとめ、代表して発表します。

5●学級イベントを計画する

お楽しみ会や○○大会について、班長やリーダーで話し合い、原案を学級会に提案します。

②一つずつ教えよう

仕事をおおまかに五つにまとめました。でも、この仕事をどう子どもに教えれば、わかりやすいのでしょう。

教え方は、二つあります。一つは、リーダーの仕事は、大きく五つあるんだよ、と示すことです。もう一つは、一つずつ教え、仕事をまとめるやり方です。

ぼくは、一つずつ順に指導した方が、学びやすいと思い、いつもそうしています。班をつくり、リーダーを集めたときに、

あなたの班は何人ですか。
一人ひとりに、何か言葉をかけてプリントを渡してくださいね。

と、言います。これを三日ほどくり返します。だんだんリーダーだけでなく、ほかの子どもたちも、

「今年は、班がたくさん使われそうだな」

わかってきます。そうしたときに、

「今日は、どんな言葉をかけるつもりかな?」

と、見つめます。すると、(毎日言葉を変えなきゃ……)と、思うはずです。リーダーの仕事は、

わかりやすく具体的にまとめたのですが、裏には、プリントを配るという仕事を通して、人との関わり方を学んでください、というメッセージを込めているのです。

次の仕事に移ります。

朝来たら、班のお友だちに声をかけてね。どんな言葉をかけたら、ニコッとするか、見つけてね。

と、注文を出します。そして、毎日どんな言葉をかけたのか、班長さんを集めて二、三分で交流します。こうやって一週間を過ごし、次の仕事を教えます。

③ 仕事をまとめて、掲示しよう

リーダーの仕事を一つずつ教えて一か月が過ぎました。班替えです。この話し合いの中で、「リーダーや班長の仕事って、どんなことがあったかな」と、投げかけます。そして、子どもたちの言葉で仕事をまとめ、教室の側面に掲示します。

④ リーダーの役割って発展するの？

リーダーの仕事を、子どもの言葉でまとめ掲示しました。では、このまま一年間、同じ仕事が続くのでしょうか。

いいえ、そういうことはありません。リーダーの仕事も、発展・変化します。

働きかける→反応を見る→読み取る

最初に教える仕事は、班長が「班の人に働きかける」ものでした。しかし、すぐに「相手の反応は、どうだった？」と、自分がしたことで、相手がどんな反応をしたのか、聞くようにします。すると班長は、自分が働きかけるだけではないのか、と感じます。さらに、「どうして、同じ言葉なのに、人によって反応が違うの」と話しかけ、彼はどういう人なのか、何が好きなのか、相手を知るよう迫っていきます。人への働きかけを通して、相手を理解することを求めていきます。

はじめは自分が→そのうち相手が

「班の活動を一番にする」では、確かにはじめは班長さんが一番に動くのですが、二学期になると、

「どうしたら、相手が積極的に参加してくるかな」

「誰が一番やりたがらないのかな」

と予想させ、どう対応したらいいのか考えさせます。相手がその気になる接し方をしよう、と言っているわけです。

班会議の場面でも、一学期は順番に意見を出し合いました。二学期になると、内容によって、誰から意見を言ってもらった方がいいか、考えてもらいます。

リーダーの役割というのは、自分が先頭に動くことから始まるのですが、実は相手の性格を知り、上手にその気にさせることです。大人にあてはめれば、この場面は誰を頼ろうか、起用しようかと考えるコーディネーターです。

ワイワイつくる→競ってつくる

学級イベントの原案をつくる場合も、一学期はリーダーみんなでワイワイ言いながら案を考えます。二学期になると、

「誰か、考えてきてくれないかな」

と、一人に原案を立ててもらい、それをもとにリーダー会で話し合います。「ぼくも考えてきたい」と、何人も言い出したらいい調子です。二学期の後半や三学期には、

「それじゃ、二人に考えてきてもらおう。それを見比べて決めよう」

と、競わせます。ライバルは、いくつになっても大切ですね。


（丹野　清彦）

その3

はじめは交代制、全員班長さん

リーダーの仕事を教えた〜い
だけど、どうやって教えたらいいんだろう。
困ったよォー

なにも困ることないよ。
みんなに教えたらいいんだ。
みんなに？
そう、はじめは全員班長さん♥

((((班長さんを選ぶ3つのステップ))))

❶はじめは順番

❷班の中で選ぶ

❸班長選挙

① はじめは日替わりで

四月、班ができました。誰を班長に選ぼうか。いいえ、選ばなくていいんです。はじめは、みんなに順番に班長の仕事をやってもらいます。

これから一日交代でみなさん全員に班長さんの仕事をやってもらいます。一日交代だから日替わりだよ。みんなに順番にやってもらうのは、班長さんの仕事がどれくらい楽しくて、そしてちょっぴり大変か知ってもらうためだよ。と、いうわけで、今日の班長さんを決めてください。

今日の班長が決まると、さっそく班長を集めます。何をするためだと思いますか。そう、プリントを配るためです。

プリントを配ることが、仕事のようですが、実はそれは表向き。プリントを配るということを通して、相手がよろこぶ配り方をしよう、言葉かけをしてね、としだいにステップを上げていきます。一日の中で何回もプリントやノートを配りながら、人とのコミュニケーションのとり方を練習します。

● ステップ1

班の人に何か言葉をかけて配ってね。

↓

● ステップ2

さっきは、どんな言葉をかけたの？
今度は言葉をかえてね。

↓

● ステップ3

どんな言葉をかけたら、ニコッとするかな。見つけてね。

これが班長の仕事の基本です。

② 大切なのはやる気

こうやって、四月にできた班は、毎日班長を交代しました。途中からは、一日交代を二日、三日交代制に日にちを増やし、くり返しました。交代で班長の仕事を体験し、大変さもわかりました。次は、どうすると思いますか。

新しい班ができたね。今度は、班長さんは交代しないよ。班長さんをやってみたい人、やる気のある人に、ずっとやってもらいたい。うまくできなくてもいい。大切なのは、やる気だよ。期間は一か月です。それでは、班で話し合ってください。

こんなふうに話すと、班の中にやりたい人がたくさんいて困るほどです。そういうときは、期間を分けて立候補した人、みんなにやってもらいます。こうやって、一か月がたちました。また班を替えます。このときに、ちょっとしたまとめの話し合いをします。

1　この班で、あなたががんばったことは、どんなことですか。
2　あなたの班の班長さんへ、感謝の手紙を書こう。
3　あなたが見つけた班長さんの仕事を三つ、あげてください。

やる気でなった班長です。うまくいかなかったかもしれません。でも、班長に感謝の手紙を書くということで、がんばりを見つけ、ほめていきます。認められるんだな、とわかると安心し、立候補する人も増えます。やる気が何より大切です。

③ 班長の選び方は発展するの？

やる気を大切にします。これはずっと変わりません。さて二学期です。二学期はなりたい人が立候補してまず班長を決めて、班をつくります。

そして、どんな班にしたいか、みんなの前でミニ演説をしてもらいます。

何よりもやる気で選んでください。立候補する人は、なったらどんな班にしたいか、見通しとやる気が伝わるように、話しましょう。できれば、一年間でみなさんに一回は、班長さんやリーダーになってもらいたいと思います。だから、立候補する方も選ぶ方も、そのことを考えてくださいね。

一二月の班長選挙のとき、波多野くんは班長に立候補しました。三回目の立候補です。

「班長に立候補した波多野涼太です。ぼくは、頼りがいのない人だと思います。それでも班長に立候補しました。ぼくは、はじめは班長に頼ってばかりでした。何かのとき、責任を取りたくなかったし、忘れ物も多くて、どうせ落ちると思いました。でも、ちょっとは人の役に立ちたいです。これまで二回立候補したけど落ちました。忘れ物も減ったし、今度は本気です。やらせてください」

忘れ物が多いのは、彼には確かめてくれる大人がいないからです。

黒板に票を読み上げながら数を書きました。波多野くんは、ギリギリ滑り込みました。

班長選挙をはじめた頃は、人気投票でした。でも、くり返していると、内容を聞いて選ぶようになりました。選ぶ側も成長します。経験が子どもを育てるのです。

さあ、みんなも班長を子どもたちに経験させてみましょう。はじめは順番。そのうち班長選挙。そして、一年間に一回は、班長に立候補し人の役に立とう、と呼びかけよう。未来の大人を育てるために。

（丹野　清彦）

Q 「低・中・高学年、学年でリーダーって違うの？」

札幌市内の小学校に勤務して一一年目です。運良くすべての学年を担任しました。毎年、リーダーを意識して指導してはいますが、それぞれの学年でどんな姿を目標にすればよいのか難しいなと感じています。

今、担任している三年生は、なんでも「やってみたい‼」と意欲的に活動しています。でも、「自分」中心のものがほとんどです。活動を通してたくさん学んでいく三年生と考えると、リーダーさんは、どんなイメージでいれば、いいのでしょうか？

（北海道・堂七 歩）

なんでも聞いちゃおう！ Q&A

A 共通していることは、やる気があればだいじょうぶということです。

低学年は、どうしても自己中心的です。だから、リーダーの仕事を中心に教えます。班の友だちに紙を配る、プリントを集めるとか。できたら「すごいね。班のお友だちの分もやってくれて。ありがとうね」と、周りの子にも聞こえるように役割を教えます。

中学年は、活動が大好き。活動の中でリーダーの仕事を教えます。楽しいイベントもできるようになってきます。進行、あいさつ、歌声など、やり方をアドバイスします。できたら「リーダーのおかげで楽しくできたね」と、評価します。

高学年になると話し合いを重視します。学級の様子や何をやりたいか、話し合っていきます。そのことで、リーダーの力をつけるのですね。

堂●「やる気」で考えると、低・中学年までは、学級にもイメージできる子はいます。元気のよい男子や、お世話好きの女子もいました。そういう子を意識して指導していくことはできそうです。でも、「やる気」で考えると高学年は難しいように感じます。何でも積極的に活動とはいかないし、周りの目も気にして前に出てくることが減ってしまうこともありました。なので、どんな子にどんな指導をしていくか、まだはっきりしません。

A 時々、子どもたちが思わずのってくるような楽しいイベントを企画し、リーダーにていねいに動きを教え、みんなで楽しみましょう。そうするとリーダーの面白さを実感できます。いつもまじめな話し合いばかりでは、大人だって嫌になりますよね。遊びや料理などはどうでしょう。その活動の中で班員や学級の様子を話していくようにします。

堂●リーダーたちにとっても、何よりも楽しいことが一番だと改めて考えることができました。子どもたちとたくさん話し、教師の意をくむリーダーや操り人形ではなく、一緒に学級のことを考えて、前進していくことができるリーダーを育てていきたいと思います。

（**A** 古関　勝則）

その4 係り活動で仕事を教えよう

係りと当番が一緒になっている学級。
係りと当番はどう違うのかな？
その違いを知っていると指導しやすいし、
子どもたちもわかりやすいかも。

係り活動の大切さ 4つのステップ

❶やる気を大切に
❷話し合う時間をもつ
❸責任感が育つ
❹発展する

① 係りと当番の違いは？

係り活動はアイデイアを生かして、発展しやすい仕事。当番活動は、とても大切で学級になくてはならないし、仕事を覚えるためには大切で、しかも責任感も育つ。でも、あまり発展したり工夫するものではないのです。

当番活動

- 給食
- 清掃
- 黒板消し
- 整理整とん
- ごみ集め

など

係り活動

- 新聞
- 音楽
- 遊び
- 学習
- 図書
- イラストマンガ
- 保健
- 体育

など

② 班で係りをやることの良さ

普通、班は座席を近くにして、まとまっていることが多いので、一緒にいる時間が長い。だから、

①話しやすい　②活動しやすい　③居心地が良い　④リーダーを育てやすい

（必ず班で係り活動を進めるということではありません。班でなく、やりたい人が集まって活動

することもありますが、ここでは班で係り活動をするという前提にします。）

③ 係り活動を進める上で大切にすること

【やる気を大切にすること】

どうしても先生は完璧さを子どもに求めます。子どもは「しっかりやって当たり前」「できるのが当たり前」「失敗は許されない」……自分自身、担任として、学級が、子どもたちがきちんとしているかどうか、周囲の目を気にして追いつめられるような中で仕事をしていませんか？　すると、どうしても子どもたちに完璧さを求め、注意・叱責が増えていきます。すると、子どもも嫌になり、さらに「自分はダメなのかも」「やってもできないかも」と不安になり、自分に自信をなくしていきます。

子どもは未熟で当たり前。失敗しながら、何年もかかって成長していくのですから。ゆったりと子どもを見ていきたいものです。子ども

にはこんなことをくり返し話します。

みなさんは、子どもですから、失敗して当たり前。今から、勉強ができて、素直で、あいさつも返事もしっかりできて、やさしくて、思いやりがあって、失敗などしない。そんな子どもだったらどうですか? 大人でもそんな人はいませんよね。ですから、失敗は気にしない。やる気さえあれば、だいじょうぶです。やり方は友だちや先生と一緒に話し合って、考えたり、活動しながら覚えていきましょう。

【リーダーと話し合う時間を大切に】

班のリーダーと話し合うことが大切。係り活動で困ったとき、うまくいかないとき、「こうするといいんじゃないかな?」というアドバイスが、リーダーを育てます。なぜかというと、子どもは見通しがもてると、がんばるし、「やった」という達成感を得るからです。

三班は遊び係りになりました。三班のリーダーは隼人くんです。勉強は得意ではありませんが、仕事を頼むとすぐにやってくれます。でも、自分でやるのはすぐできても、指示を出すことが苦手です。でもだいじょうぶ。

「遊び係りになったけど、うまくいってる?」

「今までと同じことはやれるんですが、みんなつまらないみたいだし……」

「そうかぁ、それは大変だね。でも、大変なときは、先生にふっていいよ。短い時間で遊べる遊びを教えてあげる。できたら、遊びを模造紙に書いて、どれがいいですか、って聞いて選んでもいいよ。そして三班のみんながリードするといいかも」

「そうですね」

「それから、三班には一也くんと里見さんがいて、なかなか面白いことを知っているよ。だから、一也くんに、力を貸してくれないって言って、遊びを考えようって言うと、いいよと言うかも。里見さんも同じ。一対一がいいね。力になりそうな人には、声をかけるといいよ。先生からも頼んでおくよ」

さっそく翌日の朝の会では、学習ゲームを始めました。社会の都道府県当てクイズです。班ごとに答えるので、大いに盛り上がりました。一也くんは、掲示用の日本地図を借りにきました。すると、隼人くんが
「一也くんが、日本地図を置いて、位置も当ててもらおうということになったんです」

「すごいね。みんなすごく盛り上がっていたし、勉強にもなるし、楽しかったよ。隼人くんのおかげだよ。ありがとうね」

隼人くんは、ニコニコとして三班の子どもたちの方に歩いて行きま

した。

さっそく、全員の前で、隼人くんと三班のみなさんを評価しました。

「三班のみなさんのおかげで、朝の会での遊びが楽しくなってきました。ありがとうね。隼人くんは、遊び係りを盛り上げたいと、三班の友だちの力を借りようとしました。すると、いろいろなアイデイアが出てきたそうです。一人ではなかなか考えつかないことも、みんなの力を借りるとすごい考えが出てきて、楽しく充実した時間になるのかもしれませんね。三班のみなさんに拍手！」

係りは数名で行います。それだけ指導しやすいということになります。班の子どもたちを集めて、ちょっと話し合いをしただけで、その班は生きいきとしてきます。子どもたちからすると、身近な友だちと一緒に活動することになるので、話しやすく、お互いに関わり合えるといえます。そのメリットを生かして、教師がていねいに指導していくと、とても子どもたちはがんばっていきます。そのがんばりを学級全体に伝えていくと、学級全体が良い雰囲気になっていきます。

「隼人くんだちががんばっているのだから、ぼくたちも」

という雰囲気になってきます。班長の指導では、教師の評価やアドバイスがとても重要になってきます。ちょっとしたがんばりでも、高く評価してあげましょう。先生は「やって当たり前」という気持ちがとても強いのです。当たり前のことをしていたら「すごいなあ」「よくやっているね」「がんばっているね」と評価しましょう。班の活動は評価によって変わっていきます。生きいきした活動をする班が増えたら学級全体も生きいきしてきます。

（古関　勝則）

その5

クラスの人気者、遊びのリーダーを育てよう

勉強が苦手。

でもなぜか、頼られる子っていますよね。

休み時間、その子の周りは人だかり。だけど、放っておいても、そんな子は頭角を現さない。

いろんな活動をつくって、楽しいリーダーを輩出しましょう。

やんちゃな隠れリーダーたちは、おもしろいことには、のってきます。

((((遊びのリーダーが育つ4つのポイント))))

❶やんちゃな子に注目

❷得意を発見！

❸クラブをつくろう

❹話し合いにもち込む

① なぜ、学級内クラブか

三年生といえども学力重視の中で苦しんでいます。

子どもたちからは、

「もっと遊ばせてよー」

「もっと、先生と話がしたいよー」

の叫びが聞こえてきます。家に帰っても塾や習い事で離れている子ども同士の空間を少しでもヤンチャ盛りの中学年時期に、つくってやれないか。学校のきまりという枠の中で、ギリギリやれることは何かを考えた取り組みが学級内クラブです。

② 六月誕生！　学級内クラブ……二人を意識して

翔太と大輔は、顔を合わせるたびにケンカ。時には殴り合いもあり、私が割って入り二人を止めさせたこともありました。

しかし、問題はこの二人だけではありません。何か子ども同士の関係が、ぎこちない。授業の中では、とってもハキハキと発言を心がけるし、男子たちもとても子どもらしく汗をかいて遊んでくるのですが、つながりがないのです。

たった二年でもう「あの子は、あんなんだし、関わるのめんどくさい」的に妙に誘うことをあきらめる雰囲気が見えます。

私は、

「やりたいことにこだわる集団」異質な者同士が遊べるきっかけをつくろう。創る自由。やめる自由。ある意味「わがまま」がまかり通る世界を保障していこう。

と、一学期当初に「学級内クラブ発足」を子どもたちに提案しました。

- 創るのには、三人以上が必要。部員が減って、二人になったら一週間後に消滅。
- 誰がいつ入ってきても自由。
- 一度入ったら、二週間たたないと抜けられない。

と提案したところ、子どもたちに「何だか面白そう」の空気が流れたのです。

③ 翔太と大輔、好きなことで学級の中心へ

授業中じっとしておれない翔太は、さっそく、六月に私が発足させた「生き物クラブ」に所属しました。

それはそれはていねいに、幼虫から世話をして、三～四匹の蝶を空に返すことに成功しました。もともと、自他ともに認める「昆虫博士」。二年生の頃から有名だったらしく、他の子は、生き物の世話に関しては一目置いています。はじめは、

「私、虫大嫌いやし、見えるとこ置かんといて」

と言って、翔太とぶつかっていたユイも、いつの間にか、平気で座席のすぐ横に翔太の置いたひきがえるの子ども(ケース入り)を、ちらっと横目に見ながら給食を食べています。翔太の勝利です。

大輔は、頑固にどのクラブにも所属しません。しかし、女子たちのつくった「ダンスクラブ」が気になるらしくて、ちょくちょくのぞきにいっては、ちょっかいをかけます。そこで、女子の反感を買います。

「へっ、クラブって、四年生からやるもんやぞ。変なの」

と大輔は、絶対、クラブをつくったり所属しようとはしません。し

かし、このちょっかいは興味の裏返しです。

ダンスクラブの発表会を見せられてから、「探検クラブ」の呼びかけポスターに初めて名前を書きました。呼びかけ人の名前の横に私の名前が書いてあったのがきっかけとなったようです。しかし数日後、自分の名前をエンピツで乱暴に消してありました。何かが気にさわったみたいです。


大輔は、一度は名前を消したものの、こんなにクラブができて、再び興味がわいたらしく、今度は、いくつものクラブに名前を書きました。日頃、優等生の女子たちに毛嫌いされていたやんちゃな男子たち（特に大輔）が、このクラブのルールを利用して女子たちに接近したのが、「一輪車クラブ」でした。

そのくせ、大輔たちは、かたっぱしからいろんなクラブに入っているものだから、一輪車をしっかり練習しているわけではありません。かわいい女子たちと同じ空間にいられるのがうれしいようです。で

1●シンクロクラブ：大輔以下男子ばかり5人（活発な男子）
2●木の葉クラブ：男子1人を含む7人（2グループ合体型女子主流派）
3●一輪車クラブ：男女混ざって13人（大人しく正統派の女子にやんちゃな男子3人を含む）
4●生き物クラブ：翔太をはじめとする男子4人。唯一発足当時から不動
5●寝たふり、逃げるよクラブ：翔太、大輔を含む男子8人（やんちゃ）
6●ぶらりんクラブ：やること＝昇り棒のところでブラブラする。女子8人（主に一輪車の子に数人混ざる）
7●けっとうクラブ：やること＝呪文で攻撃する。翔太を含む男子4人
8●バトルクラブ：やること＝アニメに出てくる術を唱えてたたかう。ほとんどけっとうクラブと同じメンバーの4人

も、さすがに「ぶらりんクラブ」に入るのには気がとがめたようでした。

変化が起きたのは、周りです。四月当初いがみ合っていた男子を女子たちが受け入れていることです。別に男子が入ったからと言ってクラブを抜けるわけでもなく共存状態が長く続きました。もう一つ意外なことに、大輔がやんちゃな男子五人とはじめてつくった「シンクロクラブ」に、クラス一口数の少ない明子がそっと名前を書いたことです。

私が、リーダーとして考えていた翔太と大輔は、自前のクラブをつくり学級の真ん中へ。やはり子ども世界の中では、案外受け入れられていたのです。

4 話し合いのなかでリーダーが育つ

ある日、自分のやりたいクラブにしか目が向いていなかった子どもたちに、クラブ間の交流や困っていることを出し合う時間をとることにしました。
雅人「人数制限があったのはなぜか？」
大輔「嫌な人が入ってきたら嫌だから」

雅人「ひどーい。みんなが自由に入れる楽しいクラブにしたらいい」
卓也「入れる人が入れる、楽しいクラブにしたい」
私「一度入ったら、二週間抜けられない！について意見はありますか？」
健太「名前が面白くて入ってみたら中身が面白くないことがあるし、二日でやめられるようにしたい」
翔太「おかしい。そんなん、自分で楽しいクラブにすればいい」
裕吾「嫌な人が入っている場合があるので二日間で、抜けたい」
大輔「そんな早く抜けられるとクラブが面白くない。どんどんやっていくと、だんだん面白くなるかもしれないし、せめて一週間やるべきだ」
ユイ「賛成。一輪車クラブですけど、ずっとやっていくうちに、だんだんできるものなんだから短い日でやめたらもったいない。二日とかやったら意味がない」

この話し合いのあと、これまでの二週間から一週間に決まりました。これは、初めて子どもたちの手で、ルールが改正された記念すべきことでした。話し合いをリードしたのが、なんと翔太と大輔です。

今日、CDをもっていった。だって、ダンスクラブ2のためのCDだから。そして、さっそくならして、PCでつくったポスターをはったら、さっそくさよちゃんとしのちゃんがはいってきた。多田さんも「入ってイイ?」ときかれて入った。

それで五人のメンバーがそろった。でも、ダンスがきまらなかった。

それで、「ワーッて走って出てきたら?」というアイデアがあった。(中略)そしたら翔太さんと大輔さんが入ってきた。(じゃましてきた)そして、「やめてー」ってどなった。そしたら「ダンスクラブに入りたい。」っていったので、名前をかいてもらった。でも、へんなおどりとか、ふざけないかなーと思ってとっても心配でむねがとまらなかった。早くダンスを考えたいと思っている。

はじめは、みんなと交じらず、お互いをなじっていた二人が、学級内クラブの活動を通して、学級をリードするようになっていきました。リーダー性は発揮できる機会をつくることで現れます。高学年だったら、学校行事や儀式であっても可能かもしれません。

遊びのリーダーを学級の真ん中に。ちょっと見は、わんぱく。だけど彼らの好きなことからはじめよう。すると、思わぬエネルギーが教室にあふれます。

(泉 克史)

その6 授業で大活躍、学習リーダー

学校にいる時間で一番長いのが授業、この授業で活躍する子どもたちの影響力は大きいはずです。

学習で活躍する子どもたちをリーダーに育てましょう。

では、どうやって、そして、何のために?!

学習リーダーを育てる３つのステップ

❶得意な科目でリーダーに

↓

❷班討論に取り組む

↓

❸できる・わかる・わかち合う学習を一緒に

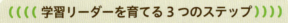

① 学習リーダーって誰がなるの？　何をするの？

必ず出てくる質問の一つに、「学習リーダーって何ですか？」というものがあります。そんなときには、「班での学習のときに、班のみんなで協力してできるようになるとよくわかるし楽しいでしょう。そんな学習を先生や班のみんなと一緒に創っていくリーダーだよ」と答えます。

続いて出てくるのは、「勉強ができる人しかなれないの？」という質問です。基本的に、学習内容を理解している子どもたちが学習リーダーになることが必要です。「まずは、自分の得意な教科のリーダーからなるといいよ」と答えます。

班長

- 班のメンバーに代わって教師に質問したり、積極的に発表したりする。
- 班での話し合いを進行する。メンバーからわからないところやできないところを聞き出し、それを班の要求としてまとめ発信する。
- 班のメンバーが、先生や班に質問や意見、要求を出せるように援助する。

学習リーダー

- 学習内容を早く、よく理解する。
- 学習内容を深めるための質問・確かめ・反論・要求を出す。
- 班のメンバーがどんなところでつまずいているのかがわかる。
- 班のメンバーにわかりやすく教えたり援助する。

学習はよくできるけれど、班長のような行動が苦手な子どもたちや、学習はあまり目立たないのに班長のような行動力・影響力がある子どもたちがいるものです。ですから、班長や学習リーダーのどれかで、いろいろな子が活躍できたらいいな、と思います。

さっそく「ぼくは、算数が苦手だけど、体育でならできそう」「算数なら任せといて。その代わり体育は、頼りにしてるよ!」といった声が聞こえてきました。こうなると子どもたちは俄然張り切ります。表のような教科で学習リーダーをつくります。

算数リーダー●問題の答え合わせをします。わからないところの相談に乗り、できるまで援助します。
国語リーダー●読み深めをリードします。班討論の司会。出た意見をまとめたり、発表する順番を決めたりします。班の意見で足りなかった意見をつけ加えたり訂正したりする発言を、最後に行います。
体育リーダー●チームでの準備運動、用具の準備や片付けを呼びかけ中心になって行います。練習のときのコーチとなり、アドバイス、課題や良かったところを出し合います。
音楽リーダー●班での合唱や演奏の練習をリードします。楽器の担当やパート分けなどの役割分担をします。うまくできないメンバーを援助します。

② リーダーと共に、班討論に取り組もう!

さて、授業では学習課題を深めるときや意見が平行線をたどるときなど、必要に応じて班討論を開きます。学習リーダーの出番です。このとき、班での話し合いの仕方を指導します。はじめは教師が指示を出し、一つひとつ順にやり方を示し「はいどうぞ」と言って実際に練習しながら班討論を進めます。例えば、こんなふうに。

①「一班集合！」と言って、すばやく班討論の形に班をつくってください。「はい、どうぞ」（以下、同様に）
②「今から、実験の予想について話し合います」と、班討論のテーマをはっきりと言ってください。
③「意見のある人」と言って一人ひとりに意見を出してもらいましょう。質問や意見は、必ず手を挙げて言いますよ。学習リーダーは、手を挙げた人を指名して意見を言ってもらってください。
④全員の意見を出し合い、ぼくが「三〇秒前」と言ったら発表の順番を決めてください。
⑤班の人が、発表する意見を忘れたときには、励ましたり思い出せるようにそっとアドバイスしてあげてください。
⑥みんなが言い残したことがあったときには、最後に学習リーダーがサポートして意見を言ってください。

班を生かした授業を進める中で、「一班は（いつもあまり発言しない）松井さんの発表が多くなったね」「四班は、一番手を挙げている人が多いね」「六班は、みんなができるまで待ってほしいと言って、時間要求をしたね」と、評価を行います。学習リーダーは、そうした評価を通して、授業でどんなことが大切なのかを学んでいきます。

③ 班での教え合い、学び合いを生み出す学習リーダー

あるとき、こんなことがありました。

六班の祐子は、算数が大の苦手で、特に割り算で苦しんでいました。しかし本当の理由は、計算力。中でも九九に自信がなかったのでした。しかし、二年生で習うことなので、なかなかそれを言い出すことができませんでした。そこで、

「四年生の学習と一緒に九九をやってみない？」

と誘ってみました。何度か取り組むうちに、

「先生、今日はしないの？」

と積極的になってきました。これを見ていた同じ班で学習リーダーの博子や、こちらも算数が苦手な茜たちが、

「先生、私たちも祐子さんと一緒にやっていい？」

と申し出てきたのです。そして、一緒に楽しそうに九九を始めました。「お助けタイム」には、博

子たちと問題に取り組む姿が見られるようになりました。

数日後、

「だいじょうぶ？　お助けしようか」

と声をかけると
「先生、できるようになってきたから心配しなくていいよ」

という返事が返ってきました。ずいぶん自信をつけたようです。

そして、算数の問題を見るのも嫌いだった同じ班の弥生に、教える祐子の姿がありました。それから祐子は、教えることが多くなり、教えることでいっそう理解を深めていきました。

「最近、祐子さんのおかげで、弥生さんができるようになってきたね。でも教えるのは大変でしょ」

と言うと、

「まあね。今まで博子さんに教えてもらっていたけど、今度は私が教えられるかなと思って……」

はにかみながら笑顔を見せてくれました。

できなくて困っている子にとって大きな励みになるのは、仲間から教えてもらい、認められることです。そこから、信頼とつながりが生まれます。

（中村　弘之）

Q 「こんな子、リーダーになりますか」

あまり雪山が得意でなかった私が…ついに教員四年目にして新潟県の雪深い地域に来てしまった！　冬はスキー、スキー、スキーな毎日。そんな日々の中で思うこと……一年生の子どもたちはやっぱり見ているだけで面白い！　癒されます。まだ自己中心的な子どもが多い中で、落ち着きはないけれど「この子、リーダーの素質があるな」と感じている子がいます。おしゃべり、ゲーム、食べることが大好き。字は汚いけど勉強はしっかりやる。代表の発表は、力があるがやりたがらない。でも、教室がこの子の一言でひきしまる。こんな子をリーダーに育てていくには、どうしたらよいのでしょうか。

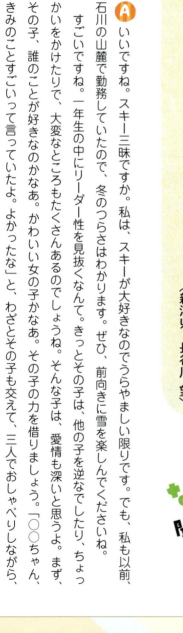

（新潟県・長谷川　望）

なんでも聞いちゃおう！ Q&A

A いいですね。スキー三昧ですか。私は、スキーが大好きなのでうらやましい限りです。でも、私も以前、石川の山麓で勤務していたので、冬のつらさはわかります。ぜひ、前向きに雪を楽しんでくださいね。

すごいですね。一年生の中にリーダー性を見抜くなんて。きっとその子は、他の子を逆なでしたり、ちょっかいをかけたりで、大変なところもたくさんあるのでしょうね。そんな子は、愛情も深いと思うよ。まず、その子、誰のことが好きなのかなあ。かわいい女の子かなあ。その子の力を借りましょう。「○○ちゃん、きみのことすごいって言っていたよ。よかったな」と、わざとその子も交えて、三人でおしゃべりしながら、次から気をつけてほしいことを約束させるとか。今は、自分のことでよろこんでくれる人がいっぱいいることに気づかせましょうよ。それが、好きな子なら効果抜群だと思うよ。

長●驚きです。ほんの数行でこの子の教室での様子がわかるなんて！　他の子を逆なですること、ちょっかいかけること、あります。でも、大きな声でいいこともたくさん言ってくれるんです。隣の女の子が、こま回しの発表で何回も失敗しているのを見て、毎回「おしい、おしい！」って言ってくれて。「○○くん、応援してくれてありがとう」と、みんなの前でほめたら、周りの子も大きな声で応援しだしました。こうやって彼の良さを伸ばしていけば、リーダーとして育っていきますかねえ？

A　ほめることとって絶対ですよね。先生方だって、ほめられるとうれしそう。でも、いいことをした時だけじゃなく、我慢できた時や「悲しい」って言えた時に「よく言ってくれたね。その一言で、自分も同じやって、ほっと安心する子もきっといるよ」と素直に言えたことも評価することで、その子は、他の子を大切にすると思う。あまりいいことだけを先生が強要していくと「仕切るリーダー」「威圧的なリーダー」になっていくよ。

長●なるほど。今まで、「いいところを見つけて、ほめなければ」とばかり思っていました。ほめることの視点を広げていきたいと思います。周りを温かく包んでくれるようなリーダーに育ってくれることを願っています。彼のこれからの成長が楽しみでなりません。

（**A** 泉　克史）

その7

生活の目標でリーダーを育てよう

給食が始まっても座りません。

授業が始まっても教室に戻ってきません。

宿題や学習準備がなかなかそろいません。

全員発表なんて、ありえません。

みなさんの「そうそう」って声が聞こえてきますね。

「やっぱり恐い先生じゃないとね」「最初は、びしっと」こんな聞き飽きたセリフを真に受けてやってみても現実は厳しいですよね。そんなときに、リーダーさんと取り組んでみたら、何かが起こる！

生活の目標でリーダーを育てる４つのポイント

❶ゲーム的にやってみる

❷競争心を起こしてみる

❸全員でお祝いをする

❹達成したことを掲示する

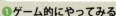

① 忘れ物を減らそう大作戦

がんばってもらうのは、班長。班長のプライドをくすぐる働きかけをしていきます。

私「今の学級の課題って何だと思いますか」

雅美「うーん。みんなが仲良しではない」

良夫「宿題忘れが多いことかなあ」

淳平「ドッジボールで、混ぜてくれない人がいる」

私「えっ、そんなことがあったんか。初めて知ったよ。実は、今回みんなの忘れ物を少なくしていこうと思ってこんな取り組みを考えたんだけど……」

私「何か質問はありますか」

千絵「はい。目標の数って、どうやってつくるのですか」

4年2組　忘れ物を減らそう！　　考えた人：先生

●取り組むわけ

2学期になってから、忘れ物が多い。特に他の先生の授業である音楽や図工の持ち物がそろわなくて、叱られる人も多く、4年2組のイメージダウンだ。何よりも授業がスムーズに進まない。宿題も1日5、6人忘れる。なんとか忘れない習慣をつけようじゃないか。

●取り組む期間　9月10日㈪～14日㈮の5日間

●取り組み方

各班（5人）が5日間トータルで、いくつの忘れ物数に押さえるか目標をたてる。その合計を班の目標ポイントとして、最終的にポイントを下回ったら、その班は目標達成。全部の班が目標を達成したら、クラスの宝物とし、お好み焼きパーティー＆達成の木に金の葉っぱをつける。

私「それは、班で相談します。○○さんは、いくつぐらいまでなら、やれそうとか少しがんばれる目標を出し合えば、良いと思います」
千絵「じゃあ、ポイントをわざと多めの数にしとけば、トクだと思います」
私「そうやなあ……」
雅人「もし、四人ががんばっても、一人がたくさん忘れたらどうするのですか」
私「作戦です。チームワークですよ」
翔太「全部の班が、達成って無理じゃないですか」
私「誰か答えてください」
千絵「確かに。六つの班が達成しても、あと一班でだめだったら、がっかりする」
亜紀「仕方ないよ」
晃「厳しい」
千絵「意見。各班の目標数を足して、合計をクラスの目標にしたらどうですか」
晃「それいいねえ」
太「みんな油断しないかなあ」
千絵「厳しい条件をクリアした班は、それはそれで、優秀班にしたらいい」
私「いいこと言うねえ。すごいねえ」

みんな「賛成！」
茜「あたし、お好み焼ききらーい。でもいいわ」
こんな感じで、話し合いが進みました。

2 目標をリーダーが中心に考える

最初の目標	相談後
1班：12	1班：10
2班：10	2班：10
3班：10	3班：9
4班：8	4班：8
5班：15	5班：12
6班：5	6班：5
7班：10	7班：8
計70 ポイント	計62 ポイント

子どもたちって、任せるとすごく真面目で、良識ある目標をつくるんです。そして、やっぱり、他の班に負けたくないみたいですね。目標をつくってきました。

すかさず私は言います。

「班長さん、この目標でいいですか。他の班の数を見て、もっと自分の班が、厳しくてもいいかどうか相談してください」

その結果、表のように決定。クラスで、62を下回ったら、パーティーです。

思ったより、ポイントが減らなかったけど、働きかけることや達成感を味わうことがかくれたねらいなのでいいかな、と思いました。

③ リーダーさん、がんばる

取り組みが始まりました。六班は、目標数が小さいので、もう必死です。班長の千絵は、忘れ物の名人である克治の手を持って、連絡帳に持ち物を書かせています。ほっといたら、一人で、軽く五回の忘れ物をしそうだからです。それを見て、七班の班長美咲もがんばり、班の人に、

「みんな、明日、忘れないでね」

の声かけを忘れません。

結果は……43！

驚異的な記録で、目標を達成しました。もちろん、全班が目標をクリア（実は、私が忘れにくい宿題や持ち物に限定したこともあったんですが）。

後ろの「達成の木」にまた一枚、金の葉が増えたのでした。

どうですか。日頃、「叱って守らせる」「子ども同士チェックさせる」などの方法で四苦八苦している「忘れ物」の取り組み。こんな楽しい

方法で「守らせるきっかけ」ができるんですよ。

懇談でお母さんから聞いてわかったのですが、夜、電話をしている班長もいたそうです。そんな関わり合いこそが、学級の宝物となったのです。

後ろの金の葉は、

「みんなが、声かけ合って、先生が叱らなくても、やれたみんなの力に対してつけたよ」

というと、子どもたちから自然と拍手がおこりました。私は、

「その影には、班長さんたちのがんばりがあったのを知ってたかい」

と、一人ひとりの班長をほめました。そして、まとめて貼りました。

「達成の木」は、「つながりの木」でもあったのです。

えっ、もし達成できていなかったら？　リベンジさせればいいじゃないですか。そのときは、先生も上手く助けてね。


（泉　克史）

その8

班長を育てるほめ方

人は、ほめられて育つ。
うん！　それはわかる！
それでは、あなたは、
班長（リーダー）を育てるほめ方といえば、
どんな言葉かけを思いつきますか。

ほめ方4つのポイント

❶ほめる

❷過去と比べる

❸ぼやく

❹ほめて注文

① ほめて伸ばす

毎日の生活が始まりました。私は転勤してきた新しい学校の六年生を受け持ちました。席を決め、班をつくります。そして班長を決めました。まず私がすることは、班長に立ってもらい、

先生は、まだみんなと出会ったばかりで、みんなのことをよく知らない。でもいいクラスにしたいっていう気持ちはみんなと同じだと思う。だから、班長さん、あなたたちの力を貸してほしい。リーダーとしていいクラスを一緒につくっていこう。

と、投げかけます。きっと家に帰って「班長になったよ」とよろこんで親に報告することでしょう。

では、これから、どんな活動をしていけば良いのでしょうか。

【ステップ1　何かをするたびにほめる】

そして、モノを配るといえば班長に取りに来てもらい、集めるといえば班ごとに集め、班長に持ってきてもらいます。そのたびに、

「いいなあ、一班の班長。いつも早いね」

「うわあ、順番に並べてくれたの。助かるー」

と言って大きくよろこび、「今年の先生は、よくほめてくれるなぁ」という印象を与えます。

初めの一か月はたくさんほめましょう。ほめられることで、子どもたちはクラスの一員としての所属感を味わっていきます。

【ステップ2　過去と今日を比べる】

五月になりました。何かがあるたびに班長に働いてもらうと、

「新しい週になったら三班、いいね。はじめはダラダラしてたのに。秘密を教えて？」

すると班の人が、ニヤニヤして、

「そろそろ提出物を集める頃だから、朝来たときに山田くんが先に集めとこうって。準備していました」

「ええ！　読まれてた。ずいぶん変わったね」

小さな変化を見つけ、過去と比べほめてみましょう。ほめるほど、子どもは動いてくれます。

【ステップ3　メンバーをほめながら班長をほめる】

たくやくんはつい居眠りしちゃう男の子。国語の時間になるといつもうとうと…。

ところが、今日はどうしたことでしょう。作文をきちんと書きあげて持ってきたではありませんか。

それもそのはず、隣にはお世話好きで班長のまゆみさんが、鉛筆が止まるたびに「しっかりせい！」と声をかけてくれていたのでした。

「先生は、感動した。ついうとうと、居眠りしちゃうたくやくんが、今日は作文を仕上げて持ってきたんだよ。すごいよね」

続けて言います。「どうして、今日はがんばれたんだと思う？　実はね…」と班長が声をかけてくれたことを伝え、ほめます。複数人をほめることは、その関わりをほめることになります。一気に班長らしさが芽生えてきますよ。

【ピンチ！　ほめるところが見えてこない】

ところが、ほめるポイントが見つからないリーダーもいます。おっとり系や、しずか系のリーダーです。そんなとき、私はこうします。

他の人から班長をほめてもらおう。

まずは同じ班の子どもたち。そばで活動している班のメンバーは、思っている以上に班長のことをよく見ています。そこで、ほめる場をつくります。帰りの会でほめるコーナーをつくったり、♡型の付箋を配って、「班長のいい所を帰りまでに書いて渡してね」と、お願いします。意図的にほめる場をつくるので、班長が活躍する場を多く設定してあげ、活躍が見えるようにしましょう。

意外と効果があるのが、専科の先生にほめてもらうこと。事前に職員室で打ち合わせをします。専科の先生の授業が終わったら、「理科の先生が、今日はほめた友だちがいるって言っていたけど、誰のこと?」なんてとぼけながら聞いてみます。すると、視線はその子へ。近くの子どもが楽しそうに語ってくれますよ。

② わりと使えるぼやきのすすめ

ほめるばかりじゃ刺激がなくなっちゃいます。そこで、ちょっとブレイク。たまにぼやいてみましょう。ぼやきのポイントは、「いつもと違う雰囲気」をつくることです。

①声をかえて　低い声で「あれ？」なんて言うと、空気が一瞬凍り、子どもは次の言葉を待ちます。

②目線をかえて　わざと目線をそらして遠い景色を見て言いましょう。「そんなことは望んでいなかったのにな」そしてゆっくりと目線を戻します。目が合えば、次の言葉を待っている証拠です。

③姿勢をかえて　子どもと同じ目の高さになるよう姿勢を低くしましょう。「あなたにだけ特別に次の言葉を言うからね」という雰囲気をつくり、小さな声で語り始めます。

④話題をかえて　ぼやいた後、班長になりたてのころのことを語ります。「あのときは先生、感動したなぁ」と言いながら、「あなたを信じていいかい？」肩をポンとたたきます。

これでやる気がきっと出てくる。だまされたと思って試してみてください。

③ 班長さんがやる気に。ほめて注文！

ほめることはとっても大切。だけど、無理やりほめる必要はありません。特に高学年の女子は、本心でなければ見透かされてしまいます。

二学期も後半になりました。一学期はたっぷりほめました。ほめることで私と相手の関係もできました。そろそろ注文を出したい。私の具体的な言葉を紹介します。

●おや、一班が配り物の仕事を協力してやっていますよ。

「先生は感動した。一学期の配り係りさんは先生に言われる前に配り物をしてくれていた。二学期は……さらに手分けして早く配れている。よくまとまっているね。一班のみんなとその班長さんに拍手」

そして、「まとまっているって、どういうことなの？」と、聞き返します。答えは、手分けすることです。

●なんと、あの二班がトイレ掃除を真面目にしていました。

「昨日は、怒ってしまってごめんな。今日の姿を見て反省しました。もっと信じてよかったんだってね。あの後、班長はどんな話し合いをしたのかな。教えてほしい」

話を聞きながら一緒に掃除をします。そして、帰りの会で、話し合いの場面を再現してもらいます。見ている側に学んでほしいのです。

●三班のたくやくんが初めて宿題をしてきました。

「今日は、見慣れないノートが出ていたの。誰のかなと思ってみたら、たくやくんのだった。どうして出したのって聞いたら、班長に『いいかげんにして』って怒られたからなんだって。それでやってきた、たくやくんもがんばったけど、本気で注意できた班長もえらいよね。二人に拍手」

こうやって、拍手がなり終わったら「たくやくん、班長さんに一つ注文を出していいよ」と、言います。たくやくんは、どんな注文を出すでしょうか。

「班長さん、あなたもたくやくんに一つ注文を出していいよ」今度は、班長の番です。

●班長さんが放課後残ってイベントの原案を作りました。

「これ、いつやったの？　放課後？　えらい！　これまで放課後に残ってまで原案を考えた人はいなかったよ。よくがんばったね。お楽しみ会は、そんなあなたたちがいてくれるから、成り立つんだよ。ありがとう」

班長に立ってもらい、スカッとほめた後、座っている元気者に「この班長さんたちに、きみはどんな形でこたえてくれるのかな」と問いかけます。答えは様々でいいんです。

ほめる→過去と比べる→たまにぼやく→ほめて注文を出す。どうでしょう。試してみる気になりましたか。

そうそう、この方法、大人にも通用します。

（小野　晃寛）

その9

リーダーに任せてみよう、学級イベント

子どもたちがワクワク活動、
話し合いするのがクラスのお楽しみ学級イベント。
学級イベントを班長さんに任せてみよう。
きっと目を輝かせて働く班長さん。
笑顔で参加するクラスの子どもたち。

イベント運営3つのステップ

❶班長会を開く

❷学級会で決める

❸ふり返る

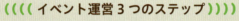

① 班長会議で原案を考えよう

「班長さん、水曜のお昼休み三階の集会室に来てね」

こう切り出します。

「今度のお楽しみ会、チーム班長で進めてくれないかな」

目の色が変わる男の子、すでに話し始める女の子。

やはり、お楽しみ会の話題は子どもたちをときめかせます。

「ドッジボールがいい」

元気者の男の子が言い出します。

「えー、こおり鬼がいい」

女子が別の意見を出します。

「出し物とかは?」

女子の意見に今度は男子が「えー!」

子どもたちは、休み時間やレクなどで経験した遊びを思い出します。

でも、せっかくの班長主催のお楽しみ会。普段の休み時間じゃできないことをやって、もっと楽しみましょう。そこで、教師も一緒になっ

てイベントを提案します。すると班長たちはより燃えて、考えてきます。決めるのは学級会。いくつかの案がぶつかれば、討論も盛り上がり、班長のやる気はマックスへ。

② 季節ごとに、こんなイベントを

春

新しい仲間と知り合うレク
じゃんけんリレー

二チームに分かれ、運動場の端と端に作った陣地から一人ずつスタートし、出会ったらじゃんけんをします。勝ったら進み、負けたら味方に「負けたよ〜」と伝え、次の人がスタートします。相手の陣地に足を踏み入れたら勝ちです。

夏

暑さを吹き飛ばすイベント

水ぶっかけ大会

暑い夏にぴったりのイベント、水ぶっかけ大会。水着の上に濡れても良い服を着て水をかけあいます。水をかけるグッズは、水鉄砲やおけ、バケツなど、思い思いのものを持ってきます。一学期の終わりにすると、プロ野球でよくみる優勝のビールかけのように打ち上げっぽくなります。ですから、「感謝の気持ちを込めて水をぶっかけよう」というめあてにすると良いでしょう。最後は、お世話になった班長さんに水をかけてみては?

秋

めいっぱい体を動かすイベント

ミニ運動会

運動会が終わりました。運動会の余韻はしばらく残るものです。そこで、クラスでミニ運動会を。班ごとに、種目の担当を分けたり、ライン係り、道具係り、応援係りなどの仕事を分担したりします。六年生くらいだと、男子対女子の紅白運動会をしても盛り上がります。グループ化して関わりが狭くなってしまう女子たちも、一致団結して男子を倒そうと女子のまとまりが生まれますよ。

冬

教室で熱くなれるイベント

班対抗なんでも選手権

外で活動をするのがおっくうになるこの季節。教室で熱くなるイベントをしてみませんか。班対抗なんでも選手権は燃えますよ。

班で話し合い、出場する競技の役割分担をします。私のクラスは六年生で四人班だったので、腕相撲（一人）、あっち向いてホイ（一人）、百人一首（二人）の三つで代表選手を決めました。最後は班のメンバーみんなで知恵を出し合うクイズ大会。先生からの優勝賞品があると盛り上がります。

3 まとめをしよう

楽しいイベントも、あっという間に過ぎていきました。子どもたちの心の中には、「あ～楽しかった」という思いが残っています。そこで「感謝」と「達成感」をもたせたいものです。イベントが終わったら、ふり返りをしましょう。

ふり返りの仕方は、大きく二つ。みんなで話し合うか、紙に書いてまとめるかです。

【学級会で話し合い、ふり返りをしよう】

出し合うことは、次の三つです。

①よかったこと
②もっとがんばればよかったこと（改善点）
③今回のＭＶＰ

③今回のＭＶＰでは、陰で活躍していた人やお世話をしてくれた班長も候補に出てほしいです。

【書いて歴史に残そう】

次の三つの内容で書いてもらいます。

①よかったことは何ですか？
　やってみて面白かったことや仕事でうまくいったことなど
②もう少しがんばればよかったことは何ですか？
　困ったことや準備や片付けでうまくいかなかったことなど

③特にがんばっていたお友だちは誰ですか？

理由も付け加えて言ってもらいます。一番票の多かった人をクラスのMVPとしても良いでしょう。状況に応じて、班の中から一人だけ選んで「班のMVP」とすることもあります。

まとめの話し合いでは、水ぶっかけ大会で優勝した人や、惜しくも負けてしまった人の名前が理由とともにあげられました。そんな中、一回戦で優勝した班に負けてしまったけど、いつもはおとなしいまゆさんが笑っていた。MVPは、まゆさん！　と言い出す子どももいました。友だちを見る目が育ちます。

こうやっていると、一学期は友だちとのトラブルで教室へ入ってこれなかった子が、二学期は班長になり、お楽しみ会の後、こんなことを書いてきました。

私は二人に「ドンマイ！　次のクイズで勝てばいいよ」って言ったら、二人とも笑顔になりました。私はちょっと安心しました。班長としてね。（中略）チーム班長もがんばったと思うし、何より班が仲良くなって、私的にはうれしいです。次はクリスマス会！

子どもが書いたことを読み上げると、それだけで学びが広がります。

最後は教師の話。どうほめますか。ほめる視点は三つです。一つは個人、次は班、最後は学級全体です。

水ぶっかけ大会を考えてくれたのは、班長さんたちだよな。休み時間や給食の時間を使いアイデアを出してくれた。ありがとう。でも今川さんだけは、やっているときに一人ぽつんとしていた。それに二班の人は気づいて、今川さんを守って自分が水をかけられていた。先生感動したよ。拍手！　どう、濡れた感想は。どうなることかと思ったら、みんな決めたことを守り、楽しんだね。そんなみんなに拍手をしよう。

私は熱く語り、力いっぱい拍手をしました。

次はどんなイベントになるでしょう？

（小野　晃寛）

Q 「リーダーさん、やめないで！」

京都に住んでいます。平等院のそばを通り学校に通っています。でも悟りは開けません。高学年を担任しました。気の合う友だちとは仲良くできるのに、そう感じない友だちとは、仲良くできない子ども。友だちとの関わりの中で、みんなで何かを成し遂げたよろこびを感じてもらいたい。こんな思いから、リーダーを育て、クラスを盛り上げたいと思います。

でも、リーダーがみんなに自分の思いや、考えをわかってもらえず、役割を果たせず、やめてしまうことがあります。こんなとき、誰にどのようにアクションしたらいいんですか。

（京都府・奥村　奈々）

なんでも聞いちゃおう！ Q&A

A わかるなあ、その気持ち。高学年らしい複雑さ、相手は子どもだけど、難しいです。

ぼくは、まず子どもと思わないで、職場の人だったらと考えるようにしています。人というのは、自分の思うようにはいかないな、といい意味で遠慮が生まれ、あきらめがつきます。すると、いいこと、いい変化に目が向くようになりました。

だから達成感も、自分はどんな時に感じるか、置き換えます。そうか、何かイベントや取り組みが必要だなとひらめきます。ぼくがリーダーなら、仲良しの人に一緒にやってほしいです。だから、「あなたは誰と一緒だったら、やってくれますか」と聞きます。きっと二人の間で、グチを言い合い、苦労や達成感が共有されるはずです。

奥●リーダーが前向きに活動し始めても、今度は周りがリーダーにおびえてしまい、しぶしぶ関わっていたり、周りがリーダーを冷めた目で見るだけの場面が出てきたりする時があります。こんな時、周りも巻き込んで全員で一つの活動に向かわせるためには、私たち教師は、どのように関わっていけばいいのでしょうか。

A リーダーと他の子どもの間に距離があるのか……。おびえているとしたら、数人呼んで、「勝手すぎる」「そうそう」と帰りの会で言ってもらいます。冷めた目で見ていたら、「みんなは、やる気ないんですか」と、リーダーのだれかに発言してもらうかな。子どもと子どもの戦いにもちこみ、言い合ってもらう。人間、距離を縮めるには、コミュニケーションをとる以外にないよ。モノが言える学級、話し合うことを意識して毎日を過ごそうね。

奥●子どもと接するときは子どもの立場になってと思っているけれど、関わっていくうちに子どもの気持ちよりも自分の願いが勝っていっていたのかもしれません。

大人が感じることは子どもも同じなんだろうな、と思いました。悩んだときは、「私だったら……」と自分に置き換えて、考えるのもいいですね。まずは、子どもたちが自分の気持ちを素直に言える雰囲気のあるクラスづくりをしていきたいなあ。

（A丹野　清彦）

その10

班長会のもち方ってどんなの？

班長会って何？　必要？

いいえ。なくてもだいじょうぶです。

ええっー！　なくてもいいの？

でも、班長会では、自分たちの生活を自分たちで見つめ、語り合い、解決していく姿が見られます。従うことではなく、考え、話し合い、つくり上げる楽しさが、学級を盛り上げます。

教師に頼らず、自分たちでやる班長会です。

理想だなあ……

((((もち方３つのステップ))))

❶短い時間で行う

❷やりたい！を待つ

❸自然と集まる

① 班長会のはじまり

班長会は三種類ありますよ。一つは教師が集める班長会。もう一つは、子どもが集まりたいという班長会。そしてそのうち、自分たちで集まり何やら話し合う班長会。

教師が集める班長会は、朝や授業の合間、昼休みや放課後行います。ほんの一分や長くて五分ほど。だって、子どもたちも遊びたいでしょう。「今日は、こんなところを発見しよう」「友だちのいいところを一つ見つけてね」など視点をはっきりさせます。こんな調子で短くても毎日くり返していれば、関わる力も育ちます。

では、子どもがやりたーいという班長会はどうなるのかな。

まずは、子どもたちが、やりたい！　集まりたい！　という日を待ちます。

そんな日が来るために、こんな呼びかけをします。

やりたいことがあったり、変えたいことがあったり、困ったことがあったりしたときには、先生よりも班長に相談してください。自分たちの要求を自分たちで実現したり、解決したりしていくんです。

提案はとりあえず承認。でも、子どもたちは、「班長会って?」という顔。

そんなわけで、呼びかけてもしばらくは一度も開催されることなく、子どもたちからの要求が出るまで待ちます。

一〇月のある日。隣のクラスで実施したハロウィンパーティーを、「二組でもやりたい」という要求が出ました。

私としては「待ってました！」という気持ちです。その日のうちに、言い出したシホさんが学級委員に班長会を開いてと要求し、班長会が開かれました。

シホ「ねえ、ハロウィンパーティーを二組でもやりたいんだけど、今からだと準備が間に合わないから、二学期の最後にお楽しみ会やったらいいと思うんだけど」

シホ「先生、一時間自由に使ってもいいですか？」

私「必要なことならいいですよ。先生を納得させる提案をしてください」

時間の確保は私の責任です。子どもたちの思いがあっても自由にさせてあげられません。また次のようなことも言います。

私「学校で行事をやるときには理由、つまり『ねらい』が必要です。どうしてやるのか、先生が納得したら時間を確保するから、ねらいを考えてほしいな」

ユウ「う～ん。最近、班替えするときに、決まった人とばっかりなったり、一緒になれなくて嫌な思いをしたりする人がいると思う」
シホ「うん。だから、『他の人のいいところを見つける』ってことにしたらどうかな」
私「なるほど。それは大切なことだね。そう言われると納得しました」
コウタ「やったぁ」
私「でも、やるかどうかを決めるのは、学級のみんなだよ。あなたたちは、自分たちの思いを学級会に提案して、みんながやりたいって言ったら動き出すことになるよ」
みんな「はい」
こんなふうにして班長会が原案を作り、全員参加の実行委員会〈①ゲーム ②ケーキ ③かざり ④ビンゴ〈プレゼント交換〉 ⑤進行〈班長会〉〉を組織してクリスマスパーティーを実現していくのです。

❷ ところで、いつもつのか

忙しい学校。放課後や休み時間にもつこともできます。
でも、私の場合は、おもに給食中です。
給食時間にもつのは…、

①休み時間は委員会の活動などが入るので全員そろわない。
②班長たちの休み時間をできるだけ保障したい。
③柔らかい雰囲気で話せる（メンバーによる?）。

給食時間になると、教室前方に班長たちが机を移動して集まります。開催は子どもたちの要求ですから、教師はしゃべらないのがいいのですが、はじめはしっかり声をかけます。

学級委員さん。今日のテーマを確認して、班長のみなさんから意見をもらってください。

司会は学級委員です。班長の要求を受けて、班長会の開催を決定するのも学級委員にしています。

給食が終わりの時間になったら、

学級委員さん。今日、話したことを確認してください。

決まったこと、決まらなかったことを確認して、簡単な記録をノートやホワイトボードに残します。みんなに提案したい原案ができるまで、何回か開催します。放課後、喫茶店のような雰囲気を演出して、ゆっくり話せたらいいと思うのですが、下校時間や放課後の生活を考えるとゆっくりはできません。

やっぱり給食時間が一番です。食べながらだと、給食やおかわりに集中するあまり、話し合いは上の空という子も出ます。周りは騒がしいので、声が聞きとりづらいということもあります。でも、ほかの子どもたちも、何を話

し合っているのか興味津々。やっている方もちょっと得意げです。

③ 班長会の役割

班長会の役割を三つにまとめました。

①学級イベント　お楽しみ会や○○大会など「やりたい」の実現。
②めあてやきまり　学級のきまりやシステムなど「変えたい」の検討や実現。
③交流・おしゃべり　生活に関わる「困った」の出し合いや解決。

イベントは盛り上がります。失敗からも多くを学べます。生活目標は現体制に対する子どもたちの不満の声が噴出します。③はいろいろなケースがあるので、「班長会で話し合うには配慮がいる」と私が判断したときには、「先生預かり」にします。

班長には、議題について一度班にもち帰り、給食の時間に班で話してもらいます。翌日の班長会では、班でどんな話し合いになったのかを話してもらいます。

「○○という意見が多かった」「みんなバラバラだった」「△△さんが絶対反対と言っていた」など子どもたちの声が伝わってきます。そうして、原案を作成します。

さあ、あなたも班長会を開きましょう。

（髙橋　孝明）

その11

影の実力者を表に いじめを許さない

いじめは昔からあってなくせないとも言われます。

どうしていじめるのでしょうか。

いじめられるのはつらく悲しいこと。


でもいじめのない学校にしたいもの。

楽しいイベントをやったり、遊びを一緒にやることで、子どもらしい世界を取り戻したい。

そんなときポイントになるのが影のリーダー。

影の実力者を表に4つのポイント

❶原因は何だ！

❷大切にしてくれ〜

❸ていねいに話す

❹居場所をつくる

① どうしていじめは起こるの？

［いじめをしなくてもすむような安心できる楽しい生活に］

大人社会でも同じですが、何も見通しがなく、楽しみもない生活、さらにがんばってもがんばっても自分を認めてもらえない、自分は何の役にも立たない、そんなことになったらイライラし、周りの人間がうっとうしくなってくるものです。すると、気に入らない人間がどんどん表れてきます。そこから攻撃が始まるのではないでしょうか。

学校は楽しいところにしたいものです。学級にはいろいろなイベントがあって、遊びがたくさんあって、みんなで歌ったり踊ったり、時にはみんなで大変なことにも取り組んでがんばったりする。そうだったらいいですね。

［自分が大切にされることで、友だちにもやさしくできる］

自分が大切にされていないのに、友だちが困っているからといって手を貸すでしょうか？　日本の子どもたちは「自己肯定感」が先進国でと

ても低いそうです。「自分はダメだ」「いいところなんてちっともない」……そんな悲しい気持ちの子どもが多いということのようです。

先日、大きな問題を抱えている六年生の春菜ちゃんと話をしました。

「春菜ちゃんのいいところは?」

「一つもない。逆にだめなところはいっぱいあるよ。頭悪い、性格悪い、ブスで生意気、友だちもいないし、みんなに嫌われているし、……いいところなんて全然ないよ」

わずか一二歳でなぜこれほど自分を傷つけるのか。悲しくなり、時間をかけて励ましました。

まずは、子ども一人ひとりを大切にしたいものです。「自分は大切にされている」「応援してもらえる人がいる」その安心感から友だちに対するやさしい行いが生まれてくるように感じています。いじめはその逆ですね。

① どうすればいいのかな?

[いじめの原因は?]

いじめをする子どもの中で、とても力があって「どうしてそんなことをするのか」という子どもに出会ってきました。五年生のとき担任した暎子さんがそうでした。勉強ができて、発言力もあり、リーダー的な子どもでした。しかし、四年生のときから学級が落ち着かず、荒れ始めていました。すると、いじめが起こってきました。女子全員で真希さんをいじめはじめました。真希さんは、運動万能で、大きな声の子どもでした。しかし男子のように少し乱暴なところがあって、それを責められました。自分たちと少しでも違うと、

「男じゃないのに」

「着替えは男子とやってよ」

「あんただあれ……」

ひどいいじめになり、母親が頻繁に相談に来るようになりました。真希さんの涙が毎日見られました。

学級が荒れ始めたことで、学級での生活が安心できなくなり、さらに自分も大切にされていないと感じる子どもが多くなってきたようです。そんなとき、少しでも自分と違うところのある子どもを攻撃して、「自分の方が上」という感じをもつようです。

いじめの原因を探ることは難しいのですが、理由があるはずです。それを見つけるといいですね。

【楽しい学級生活に】

五年生になり、暎子さんたちの担任になりました。すぐに集団遊びや、特別ルールのソフトボール、ドッジボールなどを教えて楽しみました。そして、子どもたちを認め、励ますことを多くしました。学級の雰囲気を楽しいものに変えることで、

「今までと違う一年かも」

という気持ちになってほしいと思いました。

【一人ひとりとていねいに話し、励ます】

四月から一人ひとりと時間を取って話をしました。三か月続けました。子どもががんばっている、ということには共感し、励ましました。最後に
「あなたは力があるよ。先生はあなたを応援しているから、安心して。一緒に楽しい一年間にしましょうね」

と話しました。

瑛子さんのリーダーとしての力には前から目をつけていましたので、いじめについてはいっさいふれず、真剣に、本気になって話しました。

「今度、集団遊び大会をやりたいなと思うんだけど一緒に進めてくれないかな？瑛子さんと一緒に進めたら、すごくうまくいくと思うから。もちろん、リーダーの子どもたちも一緒にね」

「はい」

久しぶりの笑顔でした。

いじめられていた真希さんには
「今はつらいと思うけど、あなたを応援している人がいるし、先生が

できることなら一緒にがんばるから、いつでも教えて」

と言って、応援している友だちの話をしました。そして、ずっと
「困っていることはない？　嫌なことはない？」

と聞き続けました。

話をしないと子どものことはわからないし、応援していることも伝わりません。子どもと話をすることは、とても大切だなと感じています。

【暎子さんを評価し、励ます】

驚くほど暎子さんはがんばりを見せるようになってきました。何と六年生になってからは、児童会の役員になりました。同時に、真希さんに対するいじめは見られなくなりました。暎子さんを高く評価することが増えました。

暎子さんを怖がっていた子どもたちも、安心して真希さんと遊ぶようになってきました。真希さんの笑顔が見られるようになったことで、学級はさらに楽しそうになっていきました。

暎子さんは、学級が落ち着かないときは、裏のリーダーだったかもしれません。でも、力があります。その力をマイナス面で使うのか、学級の前進のために使うのか、そこがポイントだったように思います。

裏のリーダーといってもまだ一一歳の子どもです。見通しをもたせ、できそうなことをやらせ、認め励ますことで、自分の良さに気づき、その力を学級全体のために使ってくれるようになったらいいなと思います。


（古関　勝則）

その12

学級委員長は何をする？

学級には、班長や係り・学級内クラブなどのリーダーがいますが、学級委員長というリーダーはいませんか。

代表委員・級長など、呼び方はいろいろですが、この学級委員長の仕事には、どのような仕事があるのでしょう。

((((学級委員長を育てる３つのステップ))))

❶学級の窓口・顔役に

↓

❷班長会議の議長に

↓

❸要求を学級の外へ発信するリーダーに

1 誰が学級委員長をするの？

みなさんの学級では学級委員長は、誰がそして、どのようにして選んでいますか。私の場合は、班長以外から学級全員の選挙で選んでいます。

学校・学級の様子に合わせて選出方法や任期は異なる場合がありますが、学級の総意で選ぶという点を大切にしています。また、班長とは役割が異なるということを意識することが必要です。その役割をめぐって子どもたちが、学級委員長にふさわしいやる気と方針をもった仲間を選ぶのです。

2 こんなときこそ学級委員長の出番！

学級委員長として何よりも重要なことは、学級全体の仲間の願いや思いに耳を傾けるとともに、学級の様子の変化や雰囲気に敏感であることです。そうした学級の様子や見通しを語り合う班長以外の存在として登場していきます。

学級では、日常的に、当番・係り、学級行事や学習など、集団と個人をめぐって様々な活動があります。はじめのうちは、そうした学級の様子を学級委員長と一緒に観察し、対話してみましょう。

【学級の窓口、顔としての学級委員長】

- 他学級・他学年、全校に向けた発表会でのあいさつ。
- 他学級・他学年、委員会活動など、外部からの来訪者の窓口。
- 他の学級とのトラブルが発生したときなどの調停役・仲介役として、当事者に付き添う。
- 集会にみんなを並べて連れていく。

学習や集会などで歓声が上がったり大きな音を出したりすることが予想されるときには、事前に隣の学級に「ご迷惑をおかけします」と申し入れる、学級の仲間が迷惑をかけたとき、お詫びに行く。また、トラブルには、調停役として事実を確かめたり理解を求めるために説得する、不利益を被った場合は仲間を守る、などといった役割があります。

【班長会議の議長役としての学級委員長】

学級・学年の行事や集会などには、班長会議を開き原案を検討します。そこでの議長役を学級委員長が担当します。

議長としての役割は、次のとおりです。

- 班長会議・学級会などの開催を予告する。
- 学級・学年の様子をつかむ。
- 原案の事前検討会や班長の活動交流会の司会・議長をする。
- 学年総会の開催を予告し、議長を務める。

また、班長会議を成功させるために、学級委員長は次のことを行います。

- 会議が始まる前に、何を話し合うかをはっきり予告します。そうすれば、集まってから「議題にしたい意見はありませんか」ということがなくなります。
- 提案は、具体的に行います。事前に原案の下書きを配っておくとか、「ゲームを一人二つ以上は考えてくる」というふうに、すぐ会議での話し合いができるように指示を出します。
- 次回の会議の日と時間を決めます。次への見通しがもてます。
- 始めと終わりの時刻を決めて守ります。大切な問題をなるべく始めに話し合うようにすると、集まりも良くなります。

学年も終盤に近づいたある日、学年お別れ会を終えた直後のことでした。プログラムになかったことが起こりました。突然、学級委員長が立って、「全員起立。中村先生お立ちください」と言ったのです。

何が始まるのかと思っていると、学級委員長が前に進み出て私に向かってあいさつを始めました。それは私に対する感謝の言葉でした。そして、「世界に一つだけの花」の替え歌が始まりました。

折り鶴や寄せ書き、そして何と私への「通信簿」をプレゼントしてくれました。最後にもう一人の学級委員長が締めくくりました。図らずも成長した姿を目の当たりにして、胸があつくなりました。

学年お別れ会の計画を立てながら、「サプライズ」をみんなで相談していたそうです。

【代表委員会での討議に、学級・学年としての意見を述べる学級委員長】

代表委員会、みなさんの学校にもあるでしょう。そこでは、運営委員会（児童会）や各委員会・学級などからの提案について話し合われます。それがたとえ少数意見であっても、みんなの利益につながるものであるならば、実現に向けて学級と学年・全校をつなぐのが学級委員長です。

しかし、はじめのうち代表委員会に向かう代表委員（学級委員長）は、とても緊張していて思うように意見を言えないことが多いものです。

そこで、次の三つのことを日常的に指導します。

①学級会での話し合いを活発にすることを通して、発表の力を育てる。
②納得のいかないことは簡単に受け入れず、学級で出た意見をくり出しながら退かない。
③あなたの後ろには、三二人の熱い思いがある。それを力にがんばる。

3 班長の仕事とどこが違うの

日常の生活は班ですから、班長の指導に重点を置きます。しかし、学級委員長は、学校の位置づけとして選出されますから、学級委員長の仕事を明確に分けておくことが大切です。

これまで述べてきた学級委員長の役割の指導に力を入れるのは、一年の後半です。前半は班長の指導に力を入れ、一〇月あたりから、学級委員長の指導を視野に入れます。おもに議長としての仕事です。運営の仕方や意見の引き出し方、楽しいツッコミを入れ、討論に深まりを生み出す方法などを相談します。

委員長をしている人は、これまで班長をして仕事を学んだ人です。五、六人の班の仕事から三〇人ほどの広い学級の世界へ。委員長の役割は、ビッグな班長です。

（中村　弘之）

なんでも聞いちゃおう！ Q&A

Q 「そんなんで、よかとやか」

子どもの頃、学校でリーダーというか、そんな感じの役割を担わされてきました。教師がすることを代わりにやったり、校則違反を特別厳しく指導されたり。気づいたら対等な友だちがいなくて、すごくつまらない時間を過ごしたな、と後悔しています。でも、そのときは教師にほめられるのですごく気分が良かったと思うんです。

今担任している一年生にもそういう傾向はあって、教師にほめられるために行動するんです。何でも見せに来て「上手やろ」と言ったり、誰かがほめられたことを、すぐまねしたり。それをうまく使えばいいんだけど、リーダーとなると、そんなんでよかとやか、とちょっと考えます。

（熊本県・鳥取　真衣）

A よかよか。「一年生にとっては、担任の先生がすべて」といっても過言ではありません。また、「上手やろ」「誰かのまね」は、ほめてもらった経験が少ないことの裏返しです。たっぷりほめてあげましょう。

しかしそれだけでは、第二のあなたを生み出します。ここが特にいい！　と事実でほめながら、一つだけ課題を指摘すること。さらに大切なのは、「上手なこと」を一個人のものだけではなく、わかち伝えていく活動を生みだすチャンスにしていくことです。

子どもたちの興味や要求に基づいて、仕事・遊び・物づくり・学習に関わる様々な活動を立ち上げます。活動グループの中の「上手な子」らを「○○名人」「学級クラブコーチ」「学習（班）リーダー」などと名づけていきます。子どもたちは、張り切って活動し、他の子どもたちとの出会いが生まれます。

鳥●「第二の私」……それだけは避けたいですね！

私の学級でも、「上手な子」に声をかけて学級内クラブを立ち上げました。でも、だんだん活動が滞ってしまうんです。子どもたちの活動を「上手に」生みだしてあげられません。それに、どうやって、学級全体のリーダーにしていけばいいんでしょうか。

A●一年生（低学年）ならば、全員に班長を経験させましょう。例えば、一日交代（一回班）→三日交代（二回班）→一週間交代（四回班）で班長を経験させて、班長の仕事をみんなに教えるのです。また、班長の仕事の面白さを経験させます。班の代表としてプリントを配る・集める、みんなを並ばせるといったことでも一年生では大きなよろこびです。仕事や活動を通して優れた班長の行動を評価し、学級のみんなにわかるようにすることが大切です。

鳥●やっぱり、活動させて、ほめて評価して、学級全体に浸透させていくことが必要なんですね。ただそれだけのことが、私にとっては、とても難しいんですけどね。

（**A**中村　弘之）

第2章

やってみよう!

実践編

1
低学年

木登り、イチジク、ときどきクラブ

安原 昭二

① トモキとショウゴ

四月の始業式。「遅い、遅い！ 早くせんと式が始まるぞ」トモキは、周りの先生たちに後ろから抱えられるようにして、押されて体育館に入って来た。

「式なんて、くだらんもん出たくないし。面白くないから行きたくないげんて！」と叫びながら、ふてくされてクラスの最後尾に足を組んで、とがんと座った。二年生ばなれした大きな体は、見るからに威圧感がある。

下校まぎわになって、トモキのケンカがはじまった。隣のタクヤがトモキの机に当たったということで、いきなりタクヤが殴られた。殴られたタクヤが言い返そうとすると、再びけりを入れて、周りに集まってきた子たちにもたたき、けりだした。何人も泣きだし騒然となった。私は何が何だかわからないままトモキを残して、子どもたちを帰してしまった。トモキは、怒ったまま何もしゃべらなかった。翌日、「昨日のケンカを先生は見ていたのですか。こんなクラスでは、この先不安でしょうがありません」と親から不満の声が届いた。それからも、毎日のようにトモキが起こすトラブルが続いた。

トモキは、男三人兄弟の真ん中で上に六年生の兄と下に保育園の弟がいる。母親は不規則な勤務に追われる看護師で、父親は大手の通信会社に勤務し、休日でも出勤しなければならない。それで昼間、トモキたち三人の世話は祖母がしていた。トモキと同じように六年生の兄も、なかなかの乱暴者で、あそこの兄弟には近づかない方がよい、と近所でも評判になっていた。被害にあった子が親子で家にやってくることもたびたびで、そのたびに母と祖母が、頭を低くして謝るだけだった。

一方、小柄なショウゴは、「あいつ、いばってるし見るだけでむかつく」とトモキのことが気に入らなかった。そういうショウゴもボス的存在で、小さな体で空手を習っている。そして、いったんキレてしまうと回しげりなどの必殺技が飛び出した。ショウゴは自分より目立つ者には「気に入らん」と、にらみをとばした。また、たいへんな虫好きであり、バッタなどを教室に持ち込んで、じっと見て世話をした。一緒に世話をしたがる子らに「おれのものだから、かってにさわるな!」と言った。トモキとは同じ保育園で、ショウゴにも保育園に通う弟がいる。母親も職場は違うが看護師で父親は、長距離トラックの運転手。二人は、互いに「おまえは、気に入らん」と、にらみ合っていた。

私は、猛烈に気にし合う二人をつながらせ活躍させることで学級の集団づくりの軸にすえていこうと思った。

② 校長先生、木登りさせてください

教室は一階にあって、隣が給食室。教室の戸を開けて外のテラスに出られる。テラスは、コンクリートで低い塀に囲まれて教室くらいの広さがある。遊ぶにも、テラスで十分楽しめた。

しかし、子どもたちは、テラスの横に給食室とその奥に広がる雑草地が大好きだった。そこには、シロツメクサが生い茂り、ところどころにスズメノテッポウ、ツバキの木があり、さらに奥まったところにイチジクの木や、その先には木登りにもってこいの小高い木が一本あった。そして、たくさんの虫がいて……。とにかく遊ぶには格好の、そしてまだ、足を踏み入れていない自然豊かな場所があった。

しかし、この場所には、【ここで遊んではいけません】と書かれた看板が立ててあった。大きなタンクがあって危ないからということだった。一度、「生活科の勉強に……」と、みんなで入ってみた。きゃーきゃー言いながら踏み入ったところ「面白かったぁ」ととりこになった。その後二組の子たちは、いい〝遊び場〟にしていた。毎朝、教室に見回りに来る校長先生が

「この中で、あの場所に行って遊んでいる子はいませんか」とたずねたことがあったが「お勉強で使ってます」と。それ以後、私と子どもたちは〝ひみつの遊び基地〟と呼ぶようにした。

子どもたちはクラスだけの秘密をもつことで、わくわくした。それはトモキもショウゴも同じだった。

でも、遊び基地でトラブルやケンカも絶えなかった。そんなとき、やりたい人で作るクラブを作ってみないかと提案してみた。三人集まればクラブの誕生。まぜてと言ったら、まぜてあげるとポスターに書いて宣伝し遊びに人を誘う。遊びながら、たくさんの交わりをもち、ルールも作り、ぶつかってトラブルもケンカも起これば話し合って、自分たちで乗り越えていってほしいという願いをもった。トモキは
「クラブなんて、めんどくせぇ。そんなのなくたって木登りしてやるからな」

と言えば、ショウゴが
「なんで、おまえだけの木登りなんや。おまえなんかより、おれの方が木登りうまいからな」

と言い返す。

「おう、そんなら勝負か！」

とトモキは、ショウゴの前まで行ってにらみをきかせた。二人とも、高いところに登る木登りが大好きだった。

「なら、トモキ。てっぺんの先まで登れ！　おまえ登ったことないやろ」

とショウゴも言い返す。つかみ合いかと思うくらいの雰囲気になって
「二人とも木のてっぺんまで登ったら、木が折れてしまうがいいね」

気が強くて頭の回転のいいユカが口をはさんだ。

「おれらも木登りしたいから、木登りクラブ1号店と2号店にすれば」

と、マサキ。マサキは、時々窮地にグッドアイディアを出せるのである。

木登りクラブ1号店、2号店は、どちらも一番の人気だった。トモキとショウゴは、どちらが高く先まで登るかを競いながら、クラブに来る人に自慢した。

ある日、「この前、二年生があの木に登ってるところを見たぞ。あそこは遊んだらダメやと書いてあるげんぞ。今度登ってるとこ見たら許さんからな」と、いかつい六年生の男の子たちに言われて、子どもたちは、すっかりビビってしまった。

トモキとショウゴは
「そんなの、関係ねぇし。おれがやっつけてやる」と強気であった。しかし、このまま隠れて遊ぶか、思い切って校長先生に「嘆願」するか……話し合うことになった。

「校長先生にお願いしたらいいよ」と、ユカ。

「でも、お願いしますだけやったら、許してくれんよ」

「どうして」

「きっと、ケガしたら危ないからや」

「それなら、ケガしないようにすればいいがいね」

「どうやって」

「木の上ではふざけないとか……」

「ケンカしないとか……」

「細い枝の方には登らないようにするとか……」

木登りクラブを中心に、みんなは『守りたいこと』と一緒に木登りを認めてもらおうということになった。そして、作戦を立てた。

いよいよその日、いつものように教室の戸をがらりと開けた校長先生のところへ、つかつかとにらみをきかせてショウゴが

「校長先生、ちょっとお願いします」

と、腕を校長先生の腕に回して、一緒に女の子たちが校長先生の背中をそっと押した。ユカに目配せされたトモキは、ごほんと咳を一つして黒板の前まで来て、一緒に『嘆願書』を読み上げた。

校ちょう先生へ

きゅうしょくしつよこにある木に木登りをさせてください。

そのために、二年二くみでルールをつくりました。

一つ　木には、一かいに三人までしか　のぼりません

一つ　ほそい　えだには　のぼりません

一つ　木の上でけんかを　しません

ぜったいにまもりますから　おねがいします。

そして、最後に全員立ち上がって「おねがいしま――す」。

あっけにとられ、みんなの真剣さに押された校長先生は、タンクには近づかないことを念押しして、「受け持ちの先生の責任で……」と許してくれた。

「校長先生に木登りを認めてもらうなんてすごい。その大きな力になってくれたのがトモキとショウゴだね」

みんなにでっかい拍手をもらって、てれくさい笑いを初めて見たような気がした。二人を中心にした作戦で〝遊び基地〟公認にクラスはわいた。そして、私はこれから展開するドラマに必ずトモキとショウゴがいることを信じた。

③ イチジクをゲット

夏休みが明けて、二学期は運動会の練習から始まった。まだ暑く〝遊び基地〟には、あまり子どもたちが行かなくなっていた。そんなある日の放課後、

「先生、イチジクの実、いっぱいなってるの。上の方の実、とってもらえない?」

と、サトコ先生が教室に入ってきた。サトコ先生は、学校の栄養士さんだ。隣が給食室ということもあり、よく顔を出してくれた。

「イチジク? ここにイチジクの木があるのですか?」

「ほれ、見てくださいよ。給食室の陰になっているところに木があるでしょう。あれがイチジクなんですよ」

と、サトコ先生はテラスから指さした。遊び基地と給食室を区切るようにこんもりとした木があった。イチジクの実は、赤く色づき、あまーいにおいを漂わせていた。それに、たわわに実をつけて……。

「食べてみる?」

一つイチジクを口の中に入れた。ほんのりと甘くおいしかった。そしてなつかしい味がした。

「サトコ先生。このイチジクの実、子どもたちにとらせたいのですが?」

「いいけど、これから毎日実をつけるし、すぐにいたむし……。それに鳥が来て実をつつくから、何か網でもかけておくかしないと。とにかく大変ですよ」

「それも、子どもらに話してみるから」

次の日、さっそくイチジクのことを子どもたちに話した。

「うめーんだぞぉ。赤いところが特に甘い。こうやって半分に割って実を突き出すようにして一口で食べるのがこつだ」

「ずるーい。これで先生もう食べたらだめねんよ」

「みんなも、食べてみたい?」

と誘うと、教室から飛び出しイチジクの木を囲んだ。

「とりあえず、一人一個限定。うまそうなの見つけて食べていいぞ」

合図でいっせいにとびついた。

「しかし、問題はカラスなんや。カラスがイチジクをねらってくるんや。なんとか守らなければいけないぞ」

と話すと、さっそく〝カラスからイチジクを守る作戦〟の話し合いが始まった。

「網があるといいじゃない？」

「そんな、木をかぶせるでっかい網なんかどこにあるが」

「それなら玉ねぎとか入ってる網あるやろ、あれでかぶせたらいいんじゃない」

「ある、ある。それなら、家にある」

「それに、カラスは目玉をこわがるんや」

「だったら、イチジク全部に目玉を書こう」

「そんなことしなくても、私が紙に書くよ」

「カラスは光るものがダメなんや。田んぼにもきらきらのテープやいらないＣＤをさげてあるやろ」

「だけど夜は、どうする？」

「夜は……やっぱり先生が見はりや」

とショウゴ。また、くすっと笑いが起こった。

イチジクの木に網や目玉、テープ。そしてＣＤなどをぶら下げることにした。ユカにショウゴとトモキは木登りがうまいから、上の方頼

むね、と頼まれた。二人は、しょうがないような返事をしながら得意がって木に登った。またたく間にイチジクの木は、色とりどりに、きらきらと飾りつけられ変身した。教室に戻ってからも、

「おれは、ここでカラスが来ないか見張ってる。やってきたら、言うからな」

とカラス係りをかって出た。カラスを見つければ勉強中断、

「おい、こらカラス。どこかへ行け――」

と、いっせいにカラスに絶叫する。こうして新鮮なイチジクは収穫され、学校中へと配られた。後日、サトコ先生のジャム作りレシピで、イチジクはおいしいジャムになり、保存食にもなった。なんといっても美容にはイチジクをと、協力してくれるお母さんたちがたくさん参加してくれた。

④おれだって、つらいんだ

そんなとき、またトモキの暴力事件が起きた。おとなしいカヨのお腹をけったのである。休み時間が終わった三時間目が始まってすぐのことだった。泣いてしゃがみこんだカヨに、女の子たちがかけ寄った。トモキは、目をつりあげたまま知ったことかと大きな体をゆすって、足を机の上に放り出していた。

「どうしてカヨのお腹けったん?」

女の子たちは、だまっていなかった。

「女の子のお腹は、赤ちゃんが生まれる大事なところなげんよ」

とユカ。するとショウゴが我慢できなくなって、

「おまえ、なんで暴力するげん。カヨが、何かしたんか」

と言った。ショウゴは、たまにキレてしまう。だからトモキの暴力にも、これまで何もいわなかった。しかし今日は、自分のことを棚に上げ勝手な感じだったが、ここぞとばかり正義ぶるショウゴに、私もみんなも少し驚いた。

「べつに。おれのこと見て笑ってたからや。気に入らなかったんや」

と、トモキはショウゴをにらんで話した。

「それなら、口で言えや。いつも、おまえは暴力や。笑ったくらいで、けるな。何でいつもそうなんや」

ショウゴは、トモキに激しくつめ寄った。いつもと違う。ショウゴの突っかかりの激しさに教室はシーンとなった。

トモキ「おまえだって、(暴力を)するがいや」

ショウゴ「わけもないのに、関係のない者にはせんわ。なんで暴力なんや。兄ちゃんに何か言われてケンカになって、そのイライラで誰かに当たってるがでないがか」

トモキ「……」

ショウゴ「そうなんか?　そうやからといって……」

ショウゴは、言葉につまった。

女子「兄ちゃんに　やめてと言えんが」

ショウゴ「そんなことで、あの兄ちゃんはやめん。兄ちゃんとケンカになったらトモキは負けるし」

私「ショウゴは、トモキに兄ちゃんとケンカするなと言いたいんか」

ショウゴ「おれも、うちの弟のタクとケンカになるんや。はじめはタクからしてくるけど、そのうちほんとのケンカになるげん。そんなとき兄ちゃんやからと、いつも叱られる」

ショウゴの話は続く。

「おれは、家では兄ちゃんなんや。いつも兄ちゃんだからしっかりしろとか、我慢しろとか言われる。それが嫌や。兄ちゃんはそんや。おまえ、兄ちゃんの気持ちも考えろや」

ショウゴは少し涙ぐんだ。ショウゴの「おれだって、つらいんだ」という気持ちにゆさぶられた。

そして、もっと寄り添いたいと思った。

5 トモキの本当の姿

一一月になったある日、「先生、ばあちゃんが柿とりに来ていいって」とトモキが言った。先日、生活科の町たんけんでトモキんちの庭になっていた柿の実を見て、いつかはあの柿の実をゲットだぜと子どもたちと機会をうかがっていた。トモキは、ばあちゃんにそのことを話したらしい。

家庭訪問以来すっかり親しくなったばあちゃんに「去年の柿もあるけど」と干し柿の冷凍までいた

だいた。迷惑だと思ったが、ばあちゃんの言葉に甘えて柿の実をもらいに行くことにした。トモキは、本当はさみしいのだ、さみしさの裏に誰かに自分を見てほしくて、自分の思いとまったく違う行動をしているのだ。トモキの本当探しを子どもと一緒にしてみよう、そう思った。

トモキからの注文で柿の実とりは、どうしても四人までだということになり、〝かきのみ　ちょうだいクラス代表団〟のメンバーを決めることになった。

われもわれもと立候補の中で「ショウゴがいい」という意見が多かった。ショウゴは、トモキのことをとてもよく知っている。それにショウゴなら、もしトモキが途中で気が変わっても、ちゃんとみんなの分の柿の実を持ってきてくれそうな気がしたからである。ユカもマサキも代表団に推薦された。ショウゴは、柿をもらうからには礼儀が一番と、あいさつの仕方、くつの脱ぎ方まで仕切った。

帰り際、ばあちゃんが「みんなが来てくれて、ほんとうにうれしかったんやろね。あんなきかん子やけど、仲良くしてあげてね」と目を細めて話してくれた。〝代表団〟の話は、ユカたちによっておいしい柿の実と一緒に報告された。

6 ショウゴのやる気

一一月も終わり頃、ショウゴは教室横のテラスで、この時期にはめずらしいかまきりをつかまえ、かまきりのたまごも見つけたと言って『かまきりクラブ』を作った。トモキは入っていなかったが、いつも五～六人の世話でエサ探しに夢中になっていた。

「かまきりが卵を産んでるぞ」

とマサキが言った。マサキは、ショウゴと親しくなってから虫にも興味をもちだした。みんなで虫かごを囲んで、かまきりの産卵に目をこらした。

私「これ、卵からかえるかなぁ」

ショウゴ「だいじょうぶや、きっと」

女子「前にショウゴは、かまきりに水をあげたらダメって言ったけど、ほんとは水がいるんじゃない」

私「ちょっと前のショウゴなら、うるさいと言ってたのに、今は違うね。すごいよショウゴ。それにショウゴほど、虫が好きな子はいない。ショウゴ、虫のことをもっと知りたいのなら昆虫館に行ってみないか」

昆虫館は学校からもっと山へ向かう白山山麓にある様々な虫の博物館だ。

「うん、行きたい」

ショウゴは、乗り気になった。トモキの方をちらりと見た。トモキも気になってきているようだった。かまきりクラブを中心に教室の中で呼びかけが始まった。車を出してくれるお父さん、お母さんも呼びかけた。一二月になった土曜日、親子四〇人の大がかりな昆虫館見学になった。かまきりクラブがきっかけになって、あちこちにクラブができはじめた。

たくさんのクラブ誕生によりクラスのみんなはトモキやショウゴへの距離をさらに縮めた。みんなに支えられた二人でもある。相変わらず気にし合う二人を真ん中にした活躍の場は、学級にとっても大切なものであった。

2
中学年

直人くんは、みんなの仲間

地多　展英

①直人くんとクラスの様子

男子二〇人、女子一五人の学級。子どもたちはクラス替えがなく三年のときと同じで、今年から私が受け持った。男子も女子も活発。しかし、一人ひとりがなんとなくばらばらで、よく小さなケンカが起きていた。人の失敗を責め続けることもしばしば見られた。直人くんが昨年の一〇月に転入してきてから、こうした雰囲気が強くなってきたと、前担任や子どもたちからも聞いていた。

直人くんには、いざこざが絶えなかった。人をたたくのは平気。二回も筆箱を壊された子もいた。転入してきた次の日には、隣のクラスに入っていきなり男子を殴ったこともあったという。

「なんか、直人くんが怒ってきて、一万円くれたら許すとか言ってきた」

そんな訴えも聞かれた。子どもたちの中では、めちゃくちゃな子として見られていた。あまり、直人くんに近づかない雰囲気が子どもたちの中にあった。こうした暴力性が一つ。また、自分の意見通りにならないと動かないとか、じゃまをするという、攻撃的なわがままさが見られた。独り言のようにいつまでも突飛なことを大声で言い続け、そのため授業が中断することもあった。しかし、知的なところがあり、東南アジアの森林の話などには鋭い関心を向ける。外で遊ぶことはあまり好きではなく、帰宅後は家の中で一人で遊ぶことがほとんど。妹は二年生で両親は共働き。父親は短気なところがあり、家庭で暴力をふるうこともあったというが、一年前ぐらいから、直人くんに対してもやさしく接するように努力を始めたと母親から聞いた。直人くんが二年生のとき、教育相談所に通ったことから、直人くんへの接し方について、両親で話をするようになってきたという。それ以来、直人くんは、家庭では少し落ち着きを見せてきたらしい。しかし、学校での様子や友だちとの関わりは、一、二年生の頃からあまり変わっていないということであった。一年生のとき、通学団の女子に面白半分でいじめられ続けたこともあったなど、直人くんは学校との出会いにもつまずいていた。

②直人くんの居場所づくり

一人でいることが多く、人との関わり方もわからず、独り言を言い攻撃的に人に向かっていく直人くん。私はまず、直人くんのはりつめた心と体を教師やクラス集団に向かって開いてやり、直人くんの居場所をつくっていこうと考えた。

そのために、

①直人くんの話を聞き、受け入れていく体制をつくること

②みんなの中で、一緒に楽しむ世界を広げること

を方針としてもった。

また、リーダーの子に私の直人くんへの対話の仕方や関わり方を見せて、感じ取らせようと考えた。

③直人くんと語る会

クラスのリーダー的な子として大矢くん、田所くん、女子では横山さんや酒井さんに目をつけていた。どの子もクラスの雰囲気をつくる目立つ存在であったことと、気軽に誰とでも話すという感じを受けたからだった。これらの子が直人くんをどう見ているか、四月当初、私はそれとなく聞いた。

私「さっき直人くん、また友だちをたたいていたね」

大矢「うん、いつもだよ」

私「大矢くんは、直人くんを嫌いなの」

大矢「嫌なときもあるし。でも嫌じゃないよ。やさしいときもある」

そして、私は直人くんを注意するとき、これらの子をそれとなく呼んで私が直人くんに話すことを聞かせたりした。

私「直人くん、朝の会のゲームのときどうしてじゃまするの」
直人「じゃましたんじゃない。あんな幼稚っぽいことあほらしい」
私「そうか。直人くんがしたいことが他にあるんだね。本当はそれを言いたかったのかな。どんなゲームを知っているの」

話を聞きながら、おれもあれ（ゲームのこと）「ちょっとはずかしいと思ったげー」などと大矢くんがぽつりと言ったりするようになった。そして私の呼びかけで、これらの子と直人くんと私で、給食の準備の時間などに集まって、〝直人くんと語る会〟を開くようになっていった。四月の半ばごろ。

酒井「私も直人くんにたたかれたこともあるけど、いっつもは直人くんのこと、嫌じゃないよ。ねえ」
（他の子も「うん」といったりしている。）
私「直人くんはみんなのこと嫌いなの」
直人「別に。だいたい女はうるさくてしょうがねえ。おれは女は嫌い」
私「どうして」
直人「いや、ちょっとね。幼稚園のときとか、一年のときとか、女子が嫌になったもんですから」
私「直人くんはこれからもそれでいいの」
直人「いけないんじゃないっすか。人間が狭くなる」
私「そう。ちょっと直人くんのことがわかったね。ところで直人くんがゲームのとき『こんな幼稚なことやれるか』って叫んでたけど、み

んなどう」
数人の子「あれはちょっと嫌だよね」
私「じゃあ直人くん。ゲーム係りの子たちに提案しようよ。勝手に決められるのが嫌なんでしょ。自分たちの班で考えたゲームもしたいんでしょ。だから、順番に班でゲームを考えてやっていったら」
直人「え、どうやって」
私「帰りの会のときにそれを言ってさあ。みんなは、直人くんの意見を応援して」
大矢「それは、なんかおもしろそう」
この直人くんからの「提案」の形はクラスにとって新しいと私は思った。自分たちの要求をクラスに出し、それを実現していくという流れを作っていければいいなと私は考えていた。

この日の帰りの会で直人くんの意見が認められていく。順番にゲームを班で考えることや、そのゲームには文句を言わないこと。一通りまわったら、ゲーム係りが人気のあるゲームを取り上げていくことが確認された。さっそく、直人くんは、伝言ゲームのやり方を班の子に話していた。直人くんのうれしそうな顔を見たのは、私はそのときが初めてだった。直人くんと語る会はその後も続いていった。

四月後半のある日、子どもが私を職員室に呼びに来た。直人くんと和也くんが取っ組み合いのケンカをしているという。和也くんは顔をひっかかれ血を出していた。直人くんはかなり興奮していたので、その場はなだめて席に着かせた。和也くんも直人くんとは少しタイプが違うが、集団になじみにくく、すぐ人の嫌がることをやってしまう子であった。直人くんともよくぶつかっていたが、こんな激しいのは初めてであった。

放課後になって私が、「さっきのケンカのこと、今から話しますよ。その名も〝直人くんと和也くんのケンカを語る会〟だよ。向こうの部屋でやるから、来たい人は来てね」とクラスの子に呼びかけた。なんか面白そうということで一八人の子が集まってきた。「なんだ、また来たのか」と人が来るたびに直人くんはぼそりと言った。そのこと自体も、直人くんにはうれしかったようである。

私「今から〝ケンカを語る会〟を始めます。拍手」

みんな「おー」（ぱちぱちと拍手。）

私「まずね。直人くんと和也くんの気持ち、誰か代わりに言ってあげてよ」

ひかり「和也くんはね、直人くんが怒ってきたから腹が立ってけったんだと思います。わざと直人くんのノートを見たんじゃないのに」

横山「直人くんは、自分の迷路のノートを絶対に見られたくなかったんだと思います。私たちにしてはちょっとのことなんだけど、直人くんには、なんか大きなことっていうか。そんな感じで怒ったんだと思う」

〝直人くんと語る会〟のメンバーを中心に一〇人ぐらいが発言した。言われるたびに直人くんの顔がだんだん穏やかになっていき、「その通り、あんたはえらい」などと口をはさんだ。最後には、直人くんも和也くんとともに謝ることができ、集まった一八人は自然に拍手を送っていた。

こうして、直人くんと語る会のメンバーを中心に、興奮すると言葉を失う直人くんの心や思い、様子を読み取って全体に投げかけることが少し広がってきた。この頃から横山さんや酒井さん、田所くんらと直人くんは気軽に話せるようになってきた。

5 直人くん人形チーム

五月になった。しかし、相変わらず直人くんの暴力や興奮するとパニックのようになる状態は見られた。直人くんと語る会の中で、そのことが話題となり、直人くんは「言い返されると嫌になる」と口に出した。それなら、何かやられたら直人くんではないものに言い返すようにすればいいという意見が子どもたちの中から出た。そこで、直人くんに対する文句は直人くんに言うのはやめて直人くん人形に言うこと、そして先生が直人くんの代わりに謝ることを〝語る会〟と先生からの提案としていくこととなった。直人くんは自分が中心という感じでのっており、積極的に直人くん人形作りを始めた。授業中は、自分の横にその人形を置いて、「おい。おまえこの問題わかるか」などと話しかけて楽しんでいた。放課後になるとその人形を私のところに持ってこさせた。そして、直人くんへの苦情のある子が私と直人くん人形に訴えに来る。そして私が「そう、そんなことしたの。痛かったでしょ。ごめんなさいね」と謝る。「おーい、直人くん、先生謝っておいたよ」と直人くんに話しかける。こんなことをくり返していた。しだいに直人くんも気になるらしく、人形と私のそばに来て子どもたちの苦情を聞いているようになってきた。「そんなに強くたたいてないじゃん。ちょっとこうやって。手かげんしたじゃないですか」などと口をはさんだりしている。時には、自分から謝ることもできるようになってきていた。そして、子どもたちに私は呼びかけてみた。

「先生一人じゃ大変だなあ。先生がいなくても先生の役をやってくれる人たちがほしいなあ。やってもいい人は黒板に名前書いておいて」

〝直人くんと語る会〟のメンバーと直人くんと同じ班の子ら一二人が出てきた。〝直人くん人形チーム〟と命名し結成した。チームの子は、競って直人くん人形の後ろに並び、直人くんにそのときの事情を確かめたり、そのときの直人くんの気持ちを聞き出したりしはじめた。直人くんも人形チームの子たちには、素直に話ができるようになり、「ごめんって言っておいて」と口にしたり、チームの子と一緒に訴えの相手に謝ったりしはじめた。そして、少しずつパニックのような状態は姿を消していった。

その後、班の独自活動やダンボールを使っておうち作りなどの中で、直人くんは、酒井さんを班長とする班で楽しむ世界を広げていった。

⑥ 直人くんとともに挑戦する四班

二学期になった。直人くんは四月当初に比べるとずいぶん落ち着きを見せていた。そして、心を開き合える仲間を求めはじめていると私は思った。また、クラス集団を、危害を加えなくなった直人くんの変化にもっと深く関わらせていきながら、新しい仲間意識や支え要求し合える人間関係に高めていきたいと考えた。具体的には、

①係り競争の中で直人くんに試練を与え、直人くんのがんばりを班長に支えさせ、クラスに広げていく。

②「おれは4の3のきらわれた存在だ」という直人くんの作文をきっかけに、直人くんとの関わり方を討議する。

という構想を立てた。

九月の半ばごろ、係り競争を導入した。立候補制とし、一つの班は「ちょっとまった班」となり係りはない。その班は、他の班の係り活動を見ていて、取ってかわれると思ったら「ちょっとまった！」をかけ、挑戦するというもの。四班（直人くん、田所班長、まさよ班長）と五班（大矢班長、酒井班長）が少し弱いだろうと私は予測した。特に、直人くんの四班は、脅迫的なやり方を打ち出してしまうだろうから「ちょっとまった班」になることが予想された。

結果は、四班と五班で忘れ物お助け係りを争い、四班が「ちょっとまった班」となった。四班の方

針の中に、直人くんの考えである「一〇回忘れたら先生にひどく叱られる」というのが入っており、それが集団から拒否される原因となった。直人くんもその方針が受け入れられなかったことを実感する。みんなをはげますやり方で、と私は助言した。「わすれもの新聞」を作って、わすれないコツをお知らせしていこうというアイデアが田所班長から出た。直人くんはその四コマ漫画を受け持つこととなり、改めて五班に挑戦した。

田所「五班は、いつも大矢くんばっかり仕事をやっちゃって、他の男子があんまりやってないし、ぼくたちは『わすれもの新聞』を出してみんなをはげますっていうか、そういうふうにやっていきます。だから五班にちょっとまった！をかけます」

大矢「四班に質問します。直人くんはちゃんとやれるんですか。ちゃんとやっていけるんですか」

まさよ「直人くんはちゃんとやれます」

田所「直人くんのことだけど、あのやり方（方針）を書いた画用紙だけど、あれはほとんど直人くんが書いて、とっても張り切っているからちゃんとやれます」

私は、四班に、必ず明日中に新聞を出すこと、直人くんがあまり好きではない仕事（配達など）もやることを助言した。直人くんには、みんなが注目していること、見方を変えるチャンスだということを話した。

「直人くんがやる気を出すと、なんかみんながつられてすごいやる気

になるから」という田所班長の言葉にも支えられて、直人くんはコピーしたものを配ることや四コマ漫画作りをがんばった。結局、四班が五班にかわって係りを獲得した。四班の新聞の内容がよかったこと、直人くんが好きな仕事以外のこともできたこと、五班の協力がたりなかったことを、クラス集団は理由としてあげていた。直人くんを取り巻く四班の励ましの活動をクラス集団が認めていくこととなった。直人くんには、少し自信が生まれ始め、新聞作りは彼の得意分野となっていった。

まさよさんや田所くんは、直人くんの活躍を自分のことのようによろこんでいた。そして彼らも自分のやりたいことを入れながら、新聞作りを楽しんでいくようになった。

⑦ 仲間ってなんだろう

一〇月になった。私は直人くんの書いた二行の作文「おれは4の3のきらわれた存在だ。でも和也くんも、ちょっとかだいぶきらわれているのでほっとする」をクラス集団に投げかけてみたいと思った。直人くんは、嫌われていない存在になりたいと思い始めていると考えたからである。今がチャンスということに、直人くんも作文を元に直人くんとみんなとの関わり方を話し合うことに同意していった。まず私は、班長会に出してみた。

私「このあいだ直人くんがね、女の子のランドセルの場所を変えるいたずらをしたのね。そしたらその女の子たちは、さっと入れ替えてなんでもなかったみたいにしたことがあったの。どう思う」

野見「そういうのって一番いやなんだよね。なんか無視みたいな」

私「うん。どうしてかな」
大樹「直人くんのイメージを変えればいい。だいぶよくなってきているから」
私「それで直人くんがね、こういう作文を書いているの（作文を読む）。どう。和也くんは、嫌われているから仲間って思ってるの。でもみんなは、嫌っているから仲間じゃないって思ってる」
大矢「直人くんは嫌われていないと思うげー。消しゴムおとしとかね。女子としゃべってたよ」
私「うん。直人くんは代議員になったけど、なんで直人くんにみんな入れたの」
大樹「暴力とか悪口も減ってきたし」
村井「直人くんはいつも手を挙げてきた（立候補）でしょう。だから一回ぐらいやらせてあげたいと思ったんじゃない」
私「まとめて言うとさ。直人くんに、もっとよくなってほしいっていう期待があるでしょ。それと代議員になったこととつながるかもね。そろそろさあ、直人くんにこうしてほしいっていうのを言わないといけないんじゃない。クラスの子もそのことを考えないと」
田所「うん。ランドセルや作文のこと、話してみよ」
そして、その日の帰りの会でクラスで話した。ランドセルについては、いつもだったらそれよりもっとひどいいたずらをするからとか、なんか理由をいろいろ言うから、などが当の女子たちから出た。そして、嫌われた存在ということについて話し合った。
さくら「別に三年生の頃に比べたら嫌われてない。みんな声かけられるし」
ひかり「今日の朝、直人くんと一緒に遊んでいたからそんなことない。でも、三年の頃にひどいことやったと思ってて、なんか反省みたいな」
ゆみ「よくなっているんだけど、ちょっとまだ嫌われていると自分で思ってる」
私「直人くん、どう」
直人「うんとねえ。今まで、いろいろしてきたから……」
私「直人くんは変わってきたと思うんだね。でもみんなは直人くんに対してどう。本当に直人くんも仲間って思ってるの。どう。どう変えたらいいの」
横山「四の三の仲間なんだから、一緒にあそぼっていう声とか」
さくら「私は、ケンカをしたら説得したり困っていたら助けたり。そういうのが仲間みたいな。いけないことはいけないって」
この後、直人くんにやめてほしいこと—悪口、自分勝手—などが出る。それらはがんばって直していくと直人くん。田所くんが「中心的なことは消えたね。直人くんがんばれよ」と声をかけた。その声につられてみんなの拍手が起こった。
直人くんへのクラス集団の関わりが、この後少しずつ変化してきた。「直人くん、なおやくんの工作、直人くんも手伝ってやりん」と酒井さんが普通に声をかけたり、帰りの会のとき直人くんに要求する「もう一人の直人くん」というセッティングで今日の自分を（悪口、自分勝手に関わって）直人くん自身が報告できるようになる。その後、連続して班

長に当選していった。

⑧リーダーの願いを重視して

リーダーづくりの筋道として意識したことは、

①リーダーの子に、先生の直人くんへの対話の仕方や関わり方を見せて、感じ取らせること。
②それをリーダーの子にさせてみること。
③それらの活動を通して、直人くんや周りの子の要求や願いをリーダーの子に感じ取らせ、その実現の行動を具体的につかませること。
④そしてそれらの活動を通して、リーダーの子自身の要求や願いを自覚し、自前の世界を広げることができるようにさせること。

であった。リーダーの子自身の願いを重視しないと、リーダーはやらされた活動と受け取ってしまうので、そこを注意して取り組んだ。

大人になった直人くんからは、今も年賀状が私に届いている。リーダーたちのうちの二人が、成人して教師という仕事を選んだ。

3
高学年

満月も今宵かぎり

丹野　清彦

1　お互い孤独なもの同士

田村が好きなもの同士で班をつくりたいと言い出したのは、四月の末だった。いつもの年なら、先生に班をつくってほしいとか、くじ引きがいいとなる。だけど今年は、田村の意見が学級の多数派になった。積極的に主張する田村を見て、彼は、リーダーの一人だなと思った。

次の日、自分たちで班をつくろうとした。すると、教室の隅っこに座っていた竹造が机にうつぶせ寝た。ぼくが、そばに行こうとしたら、ヤンマがやってきて「オレは誰と一緒の班になったらいいんか」と言った。三人で班をつくろうと、話していると、

「お互い人を信じられないもの同士。仲良くしよう」

ヤンマと肩を組んだ。彼らは、学級の隅っこにいた。そんな彼らが

学級の中心に出てきたら、世の中が逆転したようで小気味いい。この二人にも目をつけた。

竹造は、新学期すぐに女子に唾を吐きかけ苦情が来た。次の週は、休み時間にカマちゃんとボールの取り合いになり、顔をたたこうとした。間一髪、ぼくが間に入ったが、ぼくの腕がたたかれた。

2 大人なんてみんなそう

ゴールデンウイークが終わり、少しずつ落ち着いてきた。給食を片付けると目の前にヤンマが座っている。丸い顔に小さな口がかわいい。

「将棋でもしませんか」

ヤンマを誘った。負けるわけがない。何人かが立ち歩いているのを注意して、いすに座ると、ヤンマがニンマリしていた。

「ちょっとごめん。他の人たちを注意していて、気が回らなかった。ちょっと待って!」

ぼくが頼むと
「大人なんて、みんなそう言うなあ」

竹造がうっすらと睨んだ。そして、みんなに実況中継した。

「まいりました……」

次の日から、給食が終わるとヤンマはやって来た。竹造は、隣で見

ている。カマちゃんも近くに座った。カマちゃんは、一年の頃からいたずら者で有名だった。きれい好きなお母さんと几帳面なお姉さんの三人暮らし。家でふざけられない分、学校でふざけたようだが、ちょっとでも悪いことをすると、お母さんから外出禁止令が出て、一週間家に閉じ込められた。

ぼく「将棋クラブをつくろうか」

カマ「ええっ！　将棋クラブ？」

ぼく「うん、将棋をしたい人を集めて昼休みにしようよ」

部長は一番強いヤンマ。二人は副部長。画用紙に書いて部員を募集した。入ってくるのは、学級の隅っこで小さくなっている男子や女子。元気ものは、外に出てドッジボールに夢中になった。中心は田村だ。初めての班では、田村はヤンマと偶然同じ班になった。

「ヤンマの忘れ物を、なんとかしてくれんかな」

「あいつは、ああいうやつだから無理」

と、断られた。田村は、剣道の県チャンピオンだ。合わないのだろう。ぼくは、そのことを思い出し、ドッジボール派と将棋派の二つが、くっつけば学級になる。両派からリーダーが出ればいいんだな、と昼休みの風景を眺めた。将棋クラブは、毎日一〇人前後集まった。五月の末、中休みが終わり授業に行こうとすると、隣のクラスのガンちゃんが廊下で手招きしている。

「なにか用事ですか」

「いや、先生将棋できるんか。じゃあ、おれとやってみんか」

ガンちゃんは、三年の頃から不登校で、今は、なんとか廊下から授業を聞いていた。

昼休み、ガンちゃんはぼくの教室の前で立ち止まった。そうだ、もう三年近くも昼の教室に入ったことがない。ぼくはそっけなく、

「早くしようや。駒を並べるよ」

と声をかけた。ガンちゃんは、目をつむって入ってきた。勝負はあっけなくついた。ガンちゃんの棒銀戦法にやられた。

「おれは、毎週日曜日に、ＮＨＫの将棋講座を見てるんや。まあ、先生はおれの父さんより、弱いか同じくらいやな」

にやっと笑って定位置に戻った。次の日、いつもは遅刻してくるくせに、ぼくを玄関で待ち構え、

「今日も勝負しようや」

と、鼻をピクピクさせた。昼休み、ガンちゃんは顔色が悪くなり早引きした。ぼくが夕べ、棒銀戦法の備えを本屋で立ち読みし逆転勝ちしたからだ（ごめん、ガンちゃん）。それでも二日後、やってきて将棋クラブに入った。

③ 見たこともねえやつを信じるのか

五月の終わり、国語で「大陸は動く」の説明文を学習した。

もともと地球の大陸は一つだった、という説である。まとめで、

「この説を信じますか」

と投げかけ、討論会を行った。

「教科書に書いてあることが、信じられないんですか。ウソを載せるはずがありません」

高ノ宮くんが強い口調で言い切った。さらに、

「実際に地球の大陸を切り取り、貼り付けてみたら一つに組み合わさったじゃないですか。作者の言うとおりです。信じます」

と田村が続き、クラスの三分の二が支持した。田村たちは自信にあふれていた。信じない派は、ヤンマに竹造、カマちゃんたち少数派だ。すると竹造が、

「教科書に書いてあるからといって、見たこともない人が言うのを、真に受けるんですか。人がよすぎるぞ」

と冷ややかに笑った。すると、教室がざわめき逆転した。

六月になり班をつくりなおした。ヤンマと竹造、カマちゃんで班をつくり女子とくっついた。新しい班長たちが、お誕生日会をしたいと学級会に提案した。そのお誕生日会で出し物を募集すると、竹造たち三人は、出演し手品をして拍手された。まとめの話し合いでは、手品が面白かったとほめられた。こんな経験は、彼らにとって初めてだった。

七月になると、将棋クラブで教室はにぎわった。ドッジクラブが、梅雨のため将棋クラブに合流したからだ。

「誰が一番強いんかな」

カマちゃんが、にたっと笑った。

「トーナメント大会してみてえ」

竹造の言葉にみんなが「いいねえ」と答えた。さっそく竹造たち三人は、ポスターを書き掲示板に張り出し参加者を募った。参加者は三四人もいた。彼らは将棋大会説明会を開き、トーナメントのくじを準備し、対戦表にまとめた。大会は、一週間の日程でスタートした。

しかし、竹造とカマちゃんは一回戦であっさり負けた。ヤンマはシードされたが、隣のクラスの子に敗れた。決勝戦は、田村とガンちゃんだ。翌週の昼休み、歓声が上がった。みんなが見守る中、ガンちゃんが優勝し応援してくれたクラスの人たちに囲まれ、久しぶりに自分の教室に入っていった。静かになった教室でカマちゃんが、

「トーナメントって、勝たなきゃ次に進めないから不公平や」

と、つぶやいた。ヤンマはそれを聞いて、

「ポスター書いて、くじ作って世話したのに、割に合わん」

首を小さく動かした。すると田村が、

「おまえらは、勝負の厳しさを知らんな。勝負というのは、そういうものや」

サバサバと将棋盤を片付けた。

④ せめてフツーだったら

夏休みまで一週間というときのことだった。竹造が、

「ああ、おれの部屋がせめて並の広さあったらな。フツーの家に生まれたかった。おれの部屋、机とタンスとベッド置いたら身動きとれん。狭すぎや……」

ぼくは竹造の家、見学ツアーを募集して、子どもを連れて行くことにした。両側がたんぼの細い道を入ると竹造の家があった。竹造は、家と同じぐらい立派な納屋に寝ころがり釣り竿で遊んでいた。ぼくらの車に気づくと、納屋の冷蔵庫からアイスクリームをくれた。

すぐに子どもたちは見学を始めた。ぼくは、田んぼに囲まれた地主のような竹造のうちを眺め、これを竹造は、背負っているのかと感じた。すぐにカマちゃんが、

「竹造、おまえはフツーを知らんのやねえか。あのなあ、フツーというのはな。こんな広いもんじゃねんぞ。自分の部屋があるだけいいじゃねえか。エアコンまであって。おれはアパートで……いや、やめとこ……」

また遊び始めた。帰り際、竹造のお母さんが、子どもたちを送ってくれるという。お母さんに親切な言葉をかけられたのは初めてだ。これをくり返せば、子ども同士のつながりだけでなく、親同士のつながりもできるはずだ。甘えることにした。

⑤お月見会の実行委員を募集します

夏休み、学年の教師で二学期の総合学習について相談した。ぼくは思い切って、

「福祉がテーマなんやろ。校区のお年寄りを集めて、お月見会をしましょうよ」

と提案した。すると、「面白い」「あんた社会教育主事になれば」と、変なほめ方をされた。

二学期が始まると、四クラスの委員長会にお月見会をもちかけた。そして、実行委員会をつくり取り組むことにし、学年集会を開いた。まず、お月見会を中秋の名月の夜、六時から行うことを提案した。子どもたちは夜の学校か、とざわついた。続いて実行委員は各クラス三人。お月見会の仕方を考え、学年集会で提案してもらいます、と委員長が提案した。教室に戻ると、ヤンマと竹造が立候補した。しかし、あと一人がいない。未知のイベントに、子どもたちもとまどった。しぶしぶ田村が、

「形だけなら……」

と、引き受けてくれた。

各クラスの実行委員が集まり、中秋の名月の夜に、お年寄りや地域の方に感謝の意味を込め、お月見会を開こうと三日かけて原案をつくった。参加者から、五〇円の参加費をもらい、団子を配り野外で夜の小さなコンサートをしよう。また一人が五軒にチラシを配り、その時に地域の人と五分以上話すこと。参加者を自分の足で増やし、一人が三人は誘おうと、学年集会で提案した。そこでいくつか質問を受け、持ち越したことを、次回提案することにした。

「それにしても、どきどきしたなあ」と職員室で話していると、教頭先生が公民館長さんにもお願いしたら、ともちかけてきた。学年代表の先生が、

「そうやな。夜のことだし、協力してくれるかもしれないわ。もしかしたらお金も出してくれるかも」

と言い出した。次の日、ヤンマや竹造を連れて館長さんに会いに行った。子どもの説明を聞いた館長さんは、

「私は、今まで仕事一筋に生きてきた。地域のことなんて気にもかけなかった。だから、今度は地域に関わりたくて、この仕事を引き受けた。引き受けて良かった」

と、目を赤くした。ヤンマが、ちょっと自信をもった気がした。

次の週、竹造の字で保護者全員に大人の実行委員募集のお知らせを出した。そして、子どもの実行委員一二人と公民館の代表三人と保護者の実行委員一六人、教師四人で、昼休みに合同実行委員会を公民館で開いた。広間の壁には、お月見会の計画を書いた模造紙を一二枚、ぐるっと貼っていた。ヤンマが代表あいさつをし、竹造から順に模造紙を見て説明した。二人は、いいコンビになった。大人たちは、子どもの説明を聞きながら、

「すごーい。いいわね」

いちいち声を上げた。ヤンマの母さん、その隣に竹造の母さんもいる。その日の帰り道、

「大人と話し合うのは、どうでしたか」

田村の顔を覗き込むと、

「意外と大人って、ものを知っているんやな。おれの知っている大人は、いつも寝ちょった」

と、つぶやいた。彼らには、大人がどう映っているのだろう。将来のモデルとなる大人がいないのかな、と思えた。合同実行委員会の様子は、各クラスの実行委員からすぐに子どもたちへ報告された。教室が静かな興奮に包まれた。

⑥千人のお月見会

九月の第三週、学年集会をもち実行委員会から、クラスで係りを受け持つ。どれがいいか選んでほしい、と提案された。うちのクラスは、司会装飾係りだ。コンサートの出場者を探すため全校にプリントを配布した。そこから情報を得て、出場者捜索隊が依頼しに手分けして出かけた。子どもに、いろいろな大人と出会わせ、自分の言葉で説明させることが目的だった。

お月見会を翌週に控えた放課後、電話がかかってきた。

「北村の母です」

「はい、どうしたんですか。何かありましたか」

「昨日、トランペットの演奏をお願いしに行くというので、息子と班の人を車に乗せていきました」

北村さんは、デパートの案内をしていた人で、声が美しかった。

「それをそばで聞いていて、私涙が出ました。実はこの後、塾があって、それでついて行ったんですが、一生懸命説明する子どもたちの様子。若い工場の人との会話。とっても良かったです。これが、勉強なんだって思えて」

次の日、ぼくは実行委員を集め、電話のことを話した。すぐに、

「今、何人くらい参加しそうですか。一組さん……」

と、ヤンマの司会で参加数の集約が続いた。二〇〇人ほどになった。

「一人が三軒は、声をかけに行くのが目標なので、クラスでも呼びかけてください」

ヤンマは、実行委員長。竹造が参加者数をグラフにして廊下に張り出した。

「うわ、二〇〇人も来るの?」

驚きの声がした。一組は、だんご名人さんを呼び、お月見だんごを何種類か作った。そして、食べ比べをして材料を決めた。二組は、すすきを刈りに自治会長さんと土手に行った。三組は、キャンプのいすを借り集め、ブルーシートも使い、会場のレイアウトを考えた。

お月見会の三日前、ライトの位置や参加者の誘導を学年教師で、リハーサルしていた。すると、カマちゃんがひょこっとやって来た。

「先生たち、何しよんの?」

「お月見会のリハーサルで。どれくらい暗くなるのか。ライトは、これでたりるのか。実際の暗さを知っちょかんとな」

学年代表の先生が答えた。

「カマちゃん、なんでここにおるんかえ。もう八時で」

「ああ、今日は母さん帰るのが遅いんや。だから手伝うわ」

「いいのかなあ」

ライトを片付けてもらった。

「あら先生、こんなに遅く何しているの」

サッカー部のお母さんだ。カマちゃんに答えた流れで、今度はぼくが話した。

「あら、学年の先生方みんないるの。仲いいのね。よかったらおにぎりをどうぞ」

「すみませんね。あさっての準備していて、夕方から何も食べてなくて」

学年代表の先生が、おにぎりを受け取った。

「みんなそろっているだけで、仲良く見えるんやな」

もう一人の男の先生が言った。九時になり、カマちゃんは帰った。

一応家に電話した。

「カマちゃんが、さっきまで手伝ってくれました。ありがとうございます」

「うそー、いえ本当だったんですか。本人はそう言うけど、きっとふらふらと出歩いたのを言い訳したと思って、外出禁止にしました」

「外出禁止を解いてください。がんばってくれました」

「先生、気を使わなくていいんですよ」

「ええっ……」

「だって学校の先生が、そんなことを言うために電話しないでしょう?」

「そんなことありません。怒られていないか気になって。本当に手伝ってくれたんです。学校でがんばっていることも本当です。調子は上向きです」

「信じていいんですかねえ……」

と、これまでの出来事を語ってくれた。

次の日、授業をしていると校長先生がやってきた。

「実はさっきまで、地区のお年寄りがみえられて、わしゃこの地区に長年住んでいるけれど、こんなうれしいことはない。子どもがやってきては、お月見会するから来てと声をかけてくれる。うれしい。でも、わしも、もう八〇が近い。夜は七時には寝る、行けんのじゃ。それで、この金をお月見会でつこうてくれんかえ、と二万円くれました」

校長先生の話に、子どもたちも実行委員も盛り上がった。集約では七〇〇人を超えた。

当日の午前中、公民館長さんがやって来て、体育館の玄関に幅二〇メートルの特設ステージを子どもたちと足場の機材を使い作った。バックのステージも貼った。グラウンドには、キャンプのいすを並べ、ど真ん中に土手で刈ったすすきをツボに入れ、指令台の上にドーンと飾った。ヤンマのお母さんが毛氈を持ってきて、抹茶コーナーまでできた。だんご担当のクラスは、浴衣を着てだんごを配った。六時になるとフルートの音が流れ、ヤンマと竹造が手品をして笑いを誘い、お月見会の小さなコンサートの幕が開いた。参加者は千人を超え、学校のグラウンドで中秋の名月を眺めた。

7 女神は天秤を持って現れる

お月見会の次の日、余韻につつまれた。昼休み、職員室へお茶を入れに行くと、

「丹野さん、私、うちの校区を見直したの。昨夜、あんなにたくさんの人が来て、にぎやかに過ごしていたでしょう。公民館の方や地域の方がいろいろ手伝ってくれたのを見て、うちの校区も、捨てたもんじゃないなって思ったのよ」

と、話しかけられた。管理職は炊飯器を持ってきて、おにぎりを作ってくれた。職員もたくさん参加してくれた。ぼくの方が、「うちの学校もいいもんだ」って、思ったぐらいだ。

放課後、実行委員会でまとめをし、よろこびと感動をわかち合った。実行委員会が終わったところでヤンマが、

「あのさ、誰が何人呼んだかという表を見たら、タムちゃんは一人やろ。おかしくないか」

田村を引き止めた。

「最低限は、やっているやねえか。だけん、いいやねえか」

ぶっきらぼうに答えた。

「だけど、タムちゃんは、何でもできるから、この結果は変やねえか」

ヤンマが聞き返した。

「あのな、よそに誘いに行くとするやろ。すると相手が家にいる七時頃がいいやんか。でもその頃って、家族で夕飯食っている、言わばだんらんの時や。それをじゃまする気にはなれんのや。オレんうちには、ないけどな」

田村が、彼流の言い回しで答えた。

「どうしてないんか」

黙って聞いていた竹造が、突っ込んだ。

「どうしてないって、オレは月曜以外、六時から九時まで剣道しているやろ。それから塾に行って帰ったら一一時や。これでも忙しいのに、朝刊を配達しているんや。ヤンマや竹造は、だんらんしているやろうけどな」

ヤンマを見つめた。そして、

「ヤンマは、何か習っているんか」

と、続けた。

「いいや、なんにも」

「へえ、いいやねえか。ラクで」

「それって、ほめてるんか」

ヤンマがムキになった。

「人しだいってことやな。そりゃきっと、将来に目標がないからと違うか」

田村がきつい言い方をした。

「ものすげー。いったい将来、何になるつもり？」

「剣道と勉強が一致する警察かな。ヤンマや竹造は、極楽過ぎて、将来どうなるのかな。想像を絶するなあ」

「そこまで言う……まだ人生は長いけん、今からせんでも、いいと思うよ。学校で基礎を習えばいい」

竹造がつぶやくと、

「あのなあ、この際やから言うけど、お前らに基礎があるんか」

ヤンマは、はあ……とため息をついて教室から出ていった。

「なんていうのかな、完全失業率っていうのがあるやろ。意味はよく知らんけど、危ないことなんやろ。そう思うと追われているようだけど、がんばっているんや」

田村は、しずかに語った。

「オレだって追われてる……」

竹造がうなずいた。するとヤンマがゆらっと戻ってきた。そして、

「その人は、その人やろ。その人が自分の人生に向き合えばいい」

目と唇を丸くした。

「そのとおりや。そこは一緒や」

「きみにとって、剣道って何ですか」

ぼくは、田村を見つめた。

「剣道って、何かな。きついなあ……」

何度もくり返し、ランドセルを背負い帰った。

「言おうと思ったけど、反対に突っ込まれていづらくなった。でも、悔しいから言い返そうとしたけど、歯が立たんかった」

ヤンマがお腹をかいた。

次の日、田村がぼくのそばに来た。

「ヤンマの考えは甘い。あれじゃ、人生は渡っていけんやろ。でも、そのヤンマに食い下がられるとは。なかなか侮れん。オレは警視総監とか、そういうキャリアになりたかったけど、ステージ作りながら汗を流して、こういうのもいいかな。少し考え直した。オレ、小さい頃いじめられて、それで剣道を始めた。剣道は、いじめから逃れる術かな」

一気に話すと、すっきりしたと言いながら戻っていった。ヤンマがニコッとほほ笑んだ。

満月は久しからず。今夜も月が見たくなった。

第3章

おしえて！リーダーづくりとは何？その魅力と発展

やさしい理論編

大和久　勝

①学級づくりとリーダーづくり

はじめての学級づくりシリーズ①の『班をつくろう』でも触れましたが、まず「学級づくりとは何か」から話をすすめてみましょう。

〔学級づくりとは？〕

私たちが求める楽しい学級、生きいきとしている学級は、子どもたちが学級の主人公になっている学級のことです。子どもたちが教室を根城にし、学校を中心舞台として、地域や家庭とも結びつきながら、仲間と共に生きている姿を見せていることです。しかし、そうした学級や教室がはじめから存在するわけではありません。また、そういう学級や教室を、子どもたち自身がつくっていくことが大事であって、私たち教師は、それを援助したり指導したりすることが仕事です。それが〈学級づくり〉というものです。

楽しい学級、生きいきとした学級は、まず風変わりな学級の一員である担任教師の力によってつくられると言っていいでしょう。もし担任教師が、子どもたちのあるがままの姿をほぼそのままの状態にして、意図的、計画的な取り組みをせず自然成長的な発展を期待しているならば、学級が育っていくことにはならないでしょう。ねらいをもって、意図的計画的な展開を組むことによって学級は育っていくことになります。「学級をつくる」という言葉の意味です。

しかし、意図的計画的と言っても、教師の思い通りにつくるということとは違います。子どもたちの現状、実態、および子どもたちの願い、期待などを無視しては、学級づくりだとは言えません。学級をつくるという時、「子どもと共につくる」という視点を忘れてはなりません。

【学級づくりの目的は？】

学級づくりの目的とは何でしょうか。「楽しい学級」「生きいきとした学級」は誰もが望む学級の姿ですが、私たちは、そうした学級・教室を育てていくことを通して、子どもたちに学んでほしいことがあります。「楽しい」「生きいきとした」とは抽象的な言葉ですが、そういう学級にするためには、いろいろ獲得していかなければならないものがあります。

例えば、教室の中で正義が通らなければなりません。いじめや差別などを克服していく力も必要です。そのためには、話し合いができなければならないでしょう。また、誰もが参加できる学習が保障されなくてはなりません。仕事分担をして協力して共同生活を築けるようにならなければなりません。やはり話し合いが必要です。自分たちのためのルールを作って守っていけるようなことも大事です。

こうした力を築いていくことは「学級づくり」になくてはならないことですが、私たちが大事にするものは、築き上げていく過程で学び、自分の能力として身につけることです。「楽しい学級」「生きいきとした学級」をつくり出すことを目標としながら、私たちが、子どもたちに求めるものは、体験の中から獲得する人間としての力です。

【集団指導とは？】

問題をもった子どもへの個人指導の傾斜、あるいは、問題・トラブルの後追い実践になってしまうケースが最近多く見られ、集団づくりがうまくできないという悩みが深刻なものになっています。個々の子どもへの個人的な対応に時間を多く割くことになるなど、そうした個人指導への傾斜によって、集団への指導が不十分な実践が目立つようになっているのです。そこに、現代の生活指導の難しさが集約されていますが、私たちはそこを克服しなければならないのです。

すなわち、「個人指導と集団指導のそれぞれの展開とその結合」がもっとも有効な実践方法だと知ることが重要だということです。

多様な子どもたちの出現、集団参加が困難な子どもたちの増加に直面している私たちには、まず、子ども理解に基づく個人指導の展開が求められますが、同時に、並行して集団指導が行われなければなりません。

集団指導とは、民主的な交わりと自治を集団の中に育てる教育的営みです。班・グループの指導、リーダーの指導、討議・討論の指導が展開されて、個々を育てる教育力をもつ集団がつくられていきます。

集団づくりの世界は、個人指導と集団指導のつながりあうところに豊かに広がっていくのです。

【集団発展のバロメーターは？】

集団が成長・発展するとはどういうことを指すのでしょうか。私は、集団発展のバロメーターを三つの視点で考えています。

一つは、〈自主性〉です。集団自身の自主的な運営が求められることは間違いありません。外部の者から誘導されたり行動を束縛されたりしないことは重要です。二つ目は、〈民主性〉です。集団成員の参加の下に集団の意思が決定され実行されていくような民主主義の確立が目指されます。三つめは、〈文化性〉です。思想性と言ってもいいでしょう。集団の成員がどのような考え方を共有していくのかという追求です。

この三つが集団発展の指標となるものではないでしょうか。重要なことは、三つのいずれもが目標とされることです。例えば、自主性だけが突出しても、集団が発展しているとは言えないわけです。学級をよく分析していけば、この三つの要素のどれがどのように形成されているかを見ていくことができるでしょう。そこから、補強していくポイントが見えてくるはずです。

【集団発展とリーダーの関係は？】

集団が発展するとは、どのようなことを言うのでしょうか。まず、簡単な『集団発展』の図表（次頁）を見てください。

これが何を示しているかですが、長方形の横線が集団発展の流れを指しています。縦線は、学級集団を動かしていく力のあり様を示しました。斜め線で仕切られた上部は、学級運営を支える教師の力で、下部は、子どもたちの手で学級運営を支える力です。妥当な表現が見つからないので、図表には、「教師の力」「子どもの力」としておきました。

集団発展のバロメーターとなるものは、自主性、民主性、文化性の三つだと言いました。この三つを支える力がどこにあるのかが斜めの線です。

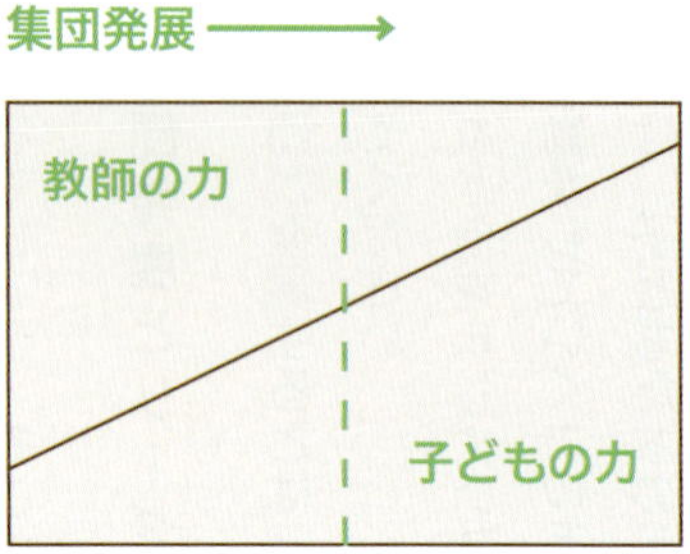

教師の力で支えているのか、子ども自身の力が支えているのか。単純に考えれば、左端のような状況から学級は出発するでしょう。ですから、学級の出発の頃は、教師が子どもたちやリーダーたちの先頭に立つくらいのつもりでいかないといけません。やがて、学級を引っ張る担い手が子どもたちの中から生まれてきます。そして、集団の自主性や民主性、文化性を子どもたちが担い始めます。それが集団の成長・発展をけん引していくことになります。

点線は、自分の学級がどのレベルへ来ているのか、一年間の目標をどの辺りに置くのかなどを考えるためのものです。自分で作った図表に時々点線を書き入れてみるといいと思います。

さて、リーダーという存在は、集団の成長・発展にとって欠かすことのできないものです。リーダーの存在、あり方、行動の仕方、考え方によって、集団の質を確かめることができます。リーダーが存在していなければ、集団の自主性など考えることもできませんし、リーダーのあり様によって集団の民主性も文化性（思想性）も変わってきます。リーダーは集団の内実を示すバロメーターでもありますから、どのようなリーダーが集団に支持されているのかによって、集団の質が見えてきます。

〔リーダーづくりとは？〕

集団が自主的民主的に運営されていくためには、リーダーの存在を欠かすことができません。学級がどのような方向を向いて動いていくかは、学級の雰囲気や世論を左右するリーダーの存在によって決まってくるところがあります。どのようなリーダーを選ぶのか、どのような世論にしたがっていくのかは、学級集団全体の意思によるものです。リーダーを選ぶ力や、支持したり拒否したりする力も重要です。したがって、リーダーの指導という時、リーダーを発見し育てていく部分と、集団にとって利益となるリーダーを選択したり支持したり時には拒否したりできる力を育てる部分があるのです。

また、リーダーシップとフォロアーシップの両方を育てることは、人格形成上、誰に対しても重要です。とりわけ、リーダーにフォロアーシップを求めることは欠かすことのできない視点です。リーダーがリーダーとして育ち人格的にも成長できるように、指導を通して求めていくことです。リーダーが、便利な道具にされたり、過重な負担を強いられ使い捨てられたりしてはいけないことは言うまでもないことです。

リーダーは一人では何もできません。複数人のリーダーグループやリーダー集団が学級の中に育っていくことが、学級集団の発展のカギを握ります。ですから、班長会や学級リーダー会のような形を意識的に追求し育てていくことが大切です。何人かの力あるもので牛耳るリーダー機関を想定し、権威や権限を与えても学級の発展はありません。個々人の声を聞いたり、支持や拒否を受けとめたり、広く世論を形成したりできる開かれたリーダー機関として育てていくことが肝心です。

リーダーづくりは、リーダーの指導を通して行われるものですが、リーダーを育てることを目的としていません。リーダーを育てることを通しながら、リーダーのあり方や、集団にとって有益なリーダーを選ぶ力、リーダーへの協力の仕方などを学ぶことに目的があります。また、リーダー経験やフォロワー経験の積み重ねによって、個々の人格の形成につながっていきます。そのことがもっとも大事なことなのだと確認しておきたいと思います。

【リーダー指導の順序性は？】

リーダー指導に順序性をもつことで、リーダー指導を有効に進めていけるようになります。リーダー指導の順序性とは、リーダー指導に関わる「評価の順序性」だとも言えます。

『集団づくり指導プラン』（次頁）を見てください。これは、集団発展を支えるリーダー指導を軸にして他との関連性を考え作ったものです。

シリーズ①の第3章で示した『学級実践年間構想計画』とセットにして作ってきたものです。こうでなければいけないというものではなく、自分としてはこうしてみたいと考え作った指導プランです。

何よりも、子どもの実態や発達段階、地域の実情、学校の実情などを考え、自分が納得して実践できることが大事です。方法については多様であっていいわけですので指導プランはあくまでも一つの構想、仮説です。私案であり試案です。

さて、横軸には集団の発展段階をおきました。縦軸は「班長（リーダー）指導の順序性」を中心にして、班づくりとの関連性も表現してみました。実践者にとってわかりやすくということを一番の念頭に置きました。何度も言うようですが、こうしたプランは、実践に入っていくための一つの試みです。

集団づくり指導プラン（案）

段階／項目	Ⅰ期（よりあい期）	Ⅱ期（自治への移行期）	Ⅲ期（自治の確立期）	Ⅳ期（自治の発展期）
	何よりも班長やリーダーの「やる気」が大事な時期。	班長たちやリーダーたちが仕事の困難さや、仕事の大切さを自覚してくるころ。	班長会やリーダー会が集団の実質的なリーダー機関として確立してくるとき。	リーダー経験をもつ者たちが、新しい班長やリーダーを支えることができるとき。
班長（リーダー）指導の順序性	①班やグループを代表して発表したり、班・グループの先頭に立って行動したりできる。 ②簡単な仕事の仕方、会議の仕方、決まったことの実行の仕方の基本を覚える。 ③班やグループの利益に敏感で、班・グループのメンバーの不利益に黙っていない。また、班やグループの名誉を守ろうとする。	①自分がいつも先頭に立つのでなく、班やグループの人を動かすことができる。 ②班やグループの人に仕事を具体的に分担し、仕事の結果を上手に評価できる。 ③班やグループの利益だけでなく、学級全体のことを考えることができるようになる。	①学級分析ができ、班長会やリーダー会で学級の活動内容と指導内容を考えることができる。 ②たえず学級の視点に立ち、自分の班やグループだけでなく、他の班・グループや学級全体を指導できるようになる。 ③次の班長を自分からつくり出すことができる。	①リーダー経験をもつ者たちは、班長などの役になくても、班長やリーダーたちを支えることができる。 ②リーダー経験をもつ者たちは、班長会やリーダー会に対して必要な協力をすることができる。 ③リーダー経験をもつ者たちは、全校、家庭、地域の取り組みにすすんで参加していくことができる。
留意点	●リーダーの予想と発見をすすめる。	●班がえ、班長選挙などを通してリーダーの改廃をすすめる。	●リーダーの中心となる子たちへの個別的接近（通信・対話等）を強める。	●リーダー経験をもつ者たちと新しいリーダーたちとのリーダーサークルを形成する。
班長選出と班編成	●教師が班をつくる。 班長は班内互選。	●班長が班をつくる。 班長は立候補・推薦で選出。	●班長が班をつくるか班長会が班をつくる。 班長は立候補者の中から選挙で選出。	●班長会が班をつくる。 班長は立候補・推薦で選出。
班づくりのポイント	●生活目標の取り組み、係・当番、学習、遊び・文化活動など、班やグループを中心とした取り組みを重視する。	●学級の統一目標や共に進める学級活動や文化活動をめざした班相互や学級全体の共同へ転換していく。	●問題別小集団の活動を発展させたり、取り組み領域の拡大をすすめたりする中で、学級の活動内容を発展させていく。	●全校や学年、家庭、地域への取り組みを恒常的にすすめていく。

	10月	11月	12月	1月	2月	3月
全校行事		展覧会		児童会役員選挙	クラブ発表会	6年生を送る会 卒業式
学年行事	学年スポーツ大会	社会科見学				学年学習発表会
学級行事		親子ハイキング（PTAとの合同行事）	学級冬まつり		文化活動発表集会	女の子の節句を祝う会 1年間まとめの会
前進運動	いままでの学級会の決議を中心にして学級憲法づくり（憲法記念日を毎月もつ）	学力向上運動Ⅰ → 班1人か2人の学習委員会をつくる	→	学力向上運動Ⅱ	→	進級テストへの全員合格をめざす
しごと・文化活動	●係の発展②（専門部への移行）		●専門部の確立			
	●文化活動の中心は部活動となる 創作ダンスの取り組み → ●サークル、同好会の発表活動を組織する			●文化活動発表集会への取り組み → 創作ダンス発表会		
学級PTA		●親子ハイキング ●文集づくり（秋の号）		●お楽しみ会に向けて文化発表の取り組み（合唱、かげ絵など）		●文集づくり（冬の号） ●親子お楽しみ会
学級集団づくりの見通し	・班編成の方法 ・班長選出の方法 ・学級リーダー会の指導 ・班長会の指導　など					

『班をつくろう』146-147頁

学級実践年間計画

<table>
<tr><th></th><th>4月</th><th>5月</th><th>6月</th><th>7月</th><th>8月</th><th>9月</th></tr>
<tr><td>全校行事</td><td>入学式
1年生を迎える会</td><td>兄弟学級びらき</td><td>プールびらき</td><td>七夕音楽集会
キャンプファイヤー大会</td><td>地区子ども会
林間学校</td><td>プールおさめ
運動会</td></tr>
<tr><td>学年行事</td><td>遠足</td><td></td><td>学年スポーツ大会</td><td></td><td></td><td></td></tr>
<tr><td>学級行事</td><td>学級びらき</td><td></td><td></td><td>1学期まとめの会</td><td>地域班合同による夏の行事
学級子ども会</td><td>夏休み発表会</td></tr>
<tr><td>前進運動</td><td>生活のリズム12か条の提起</td><td>家庭学習運動
生活規律向上運動</td><td></td><td>地域班づくり（学級子ども会として組織をもつ）</td><td>地域班の活動</td><td>この時期までに「女子の会」を組織する</td></tr>
<tr><td rowspan="2">しごと
・
文化活動</td><td colspan="2">●係の導入</td><td colspan="4">●係の発展①
（全班1係あるいは1係以上、係内容を充実させる）</td></tr>
<tr><td colspan="6">●係活動、教科学習の両面から文化活動を育てる
・かいこの飼育（春、夏2回）
・わた、さつまいもの栽培
●集団遊び、班遊び、学級遊びを組織する
●サークル同好会活動の導入、活動を援助する</td></tr>
<tr><td>学級PTA</td><td colspan="2">●学級PTAびらき
●学級PTA世話人会をスタート
●「学級PTAしんぶん」の発行</td><td colspan="4">●懇談会、学習活動の重視
●地域班による子どもへの援助
●文化活動を組織する（合唱、スポーツなど）
●「回らんノート」（地域班ごとに）</td></tr>
<tr><td>学級集団づくりの見通し</td><td colspan="6">・班編成の方法
・班長選出の方法
・学級リーダー会の指導
・班長会の指導　など</td></tr>
</table>

②実践記録から〈学級づくりとは何か〉〈リーダーづくりとは何か〉を学ぶ

三人の方の実践記録をていねいに読みながら、学級づくりとは何か、リーダーづくりとは何かを読み取っていきましょう。そして、学級づくりとリーダーづくりにおける教師の指導性を考えていきましょう。

【〈誰でもリーダーになれる〉子ども観・リーダー観の転換にせまる：安原実践（低学年）】

この物語の主人公は、トモキとショウゴです。

トモキってどんな子でしょうか。ショウゴってどんな子でしょうか。まずは二人のプロフィールを把握しておきましょう。

Q●トモキってどんな子？　ショウゴってどんな子？

トモキは、始業式の体育館に遅れて到着し「式なんて、くだらんもん出たくないし。おもしろくないから行きたくない！」と叫びながら、ふてくされて最後尾に座ったという子です。二年生離れした大きな体。威圧感もありました。

トモキのケンカも、並ではありませんでした。トモキの机に当たったということでいきなりタクヤを殴り、言い返そうとすると再びけりを入れるといった具合です。集まってきた周りの子どもたちもたたき騒然となりました。

トモキは男三人兄弟の真ん中。六年生の兄は、近所で評判の乱暴者だといいます。おばあちゃんが三人の世話をしていました。これでトモキのことはだいたい想像ができます。

それに対して、ショウゴってどんな子でしょうか。

ショウゴは、トモキと反対に小柄。小さな体で空手を習っています。いったんキレてしまうと回しげりなどの必殺技が出ます。ショウゴは自分より目立つ者には「気に入らん」と、にらみをとばしました。トモキに対しても「あいつ、いばってるし見るだけでむかつく」と。ショウゴも、トモキと同じようにクラスのボス的存在だと言います。

トモキとショウゴは、同じ保育園。互いに「おまえは、気に入らん」とにらみ合っていました。

Q●あなただったらどうしますか？

さて、みなさん。こんなトモキとショウゴを一緒に学級で抱えたらどうしますか。どのように考えていきますか。

「トモキもショウゴも要注意」

「目を離すことができない」

「互いににらみ合っている二人は、できるだけ離しておかなければ」

「何とか、二人に負けない強い子を近くにおいてトラブルが発生しないようにしたい」

「だらしない面もあるからしっかりした女の子の助けも借りたい」

などと考えるのではないでしょうか。そして、明日からの生活や授業の中でこの二人には苦労させられそうな予感がして、暗い気持ちになるかもしれませんね。私も冷静にいられるか自信がありません。

そんな二人のことを、なぜ安原さんは、注目したのでしょうか。ここが大事なところです。

「気になる子」として対策を考えるというなら簡単に理解できますが、安原さんの二人への注目の仕方は違うのです。

「気になる子」としてではなく、学級にとって重要な役割を果たしてくれる子として注目しているのです。

こう書いています。


私は、猛烈に気にし合う二人をつながらせ活躍させることで学級の集団づくりの軸にすえていこうと思った。


これが、安原さんの前向きで奥行きのある子ども観、学級観です。そしてリーダー観なのです。

次に始業式後から展開されていく実践を読みひらいていきましょう。

Q●なぜ、「ひみつの遊び基地」なのか？

子どもたちは、自然の中で遊ぶ機会が失われて久しいです。草木や山や川などで時間を過ごすことが少なくなっています。自然の良さや怖さや不思議さなどを直接感じることも少なくなっています。幼年期から児童期、少年期にかけての子どもの成長にとって大事な時期に、自然との交流が閉ざされてしまっています。遊ぶ仲間もそう簡単に手に入りません。仲間がいなければ、遊びも広がりません。かつて自然を相手に遊ぶ仲間の存在がありました。その中から子どもの社会性や集団性が育ちました。今だって自然は残されています。仲間だって近くにいます。しかし、意図的に仕組まなければ、そうしたチャンスはつくれません。

安原さんは、日常の生活と授業の中で、〈自然〉と〈遊び〉と〈仲間〉を結びつけることを追求しました。低学年には生活科という教科の時間があります。週に数時間もある生活科の時間を活用して、自然観察や自然相手の遊び、仲間との遊びを豊かに組んでいきました。

さらに、安原さんが手を出したのは休み時間などの自由遊びに使える「遊び場」を作ることでした。絶好の自然との「遊び場」を生活科で使うことまでは、学校内の合意でやれていたのですが、それ以上は安原さんだけでどうにかできるものではありませんでした。〈ここで遊んではいけません〉という看板が立ちふさがっています。

当初、学級の中では「ひみつの遊び基地」と呼びながら、校内の目を盗む形で使っていたのです。子どもたちは、クラスだけの秘密をもつことで、わくわくしたと言います。その楽しさは想像できます。そして、「遊び基地」でのトラブルやケンカの話し合い、遊びのルール作り、さらに「木登りクラブ」

の誕生など、子どもの生活により身近なものとなっていきました。

子どもたちの自然との触れ合いや仲間との関わり合いによって、「ひみつの遊び基地」は、子どもたちの生活にドラマを作る集団づくりの舞台となったのです。やがて、子どもたちのなかに強い要求が育っていきます。

子どもたちの強い要求。それが校長先生への直訴となりました。

Q●校長先生への直訴で何が？

校長先生への直訴は成功します。

安原先生が、校長先生にお願いしたり、職員会議に提案したりしていくことでも認めてもらうことは可能だったかもしれませんが、学級のみんなで話し合い、子どもたち自身の力で嘆願書を準備し、校長先生に直接訴えることができたことは、子どもたちの大きな自信となったと思います。学級の自治の発展にもつながりました。

こうした取り組みで、集団の先頭に立てるリーダーが育ってきます。

ユカのリードで、トモキとショウゴが活躍しました。二人を押し出したクラスの子どもたちがいてこそですが、トモキとショウゴは文字通りの大活躍をしました。これこそリーダーとしての行動です。その行動を、集団が認めたことが大きなことです。

「校長先生に木登りを認めてもらうなんてすごい。その大きな力になってくれたのがトモキとショウゴだね」

という安原さんの評価は、飾りのない正真正銘の評価であっただろうと思います。二人は、学級の英雄になりました。みんなから大きな拍手をもらった二人が、自分に自信をもったことで、その後の様子が大きく変わっていきます。

これから展開するドラマに必ずトモキとショウゴがいることを信じた。

という安原さんの一文は、この校長先生への直訴という実践から確かな手ごたえを感じたというしるしです。

その後の実践展開には、「カラスからイチジクを守る作戦」があり、さらに「イチジクの収穫」「ジャム作り」へと発展していきます。他の先生やお母さんたちとの連携の様子が出てきますが、そうした場の広がりで子どもたちの世界が一段と豊かさを増していきます。子ども集団の成長と共に、リーダー集団も鍛えられていきます。

Q●「トモキの暴力事件」は大事な場面です。ここではどのようなドラマがあったのでしょうか？

トモキとショウゴの成長ぶりは、学級の子どもたち全体の成長ぶりを物語ってくれています。放っておいたら学級のお荷物になるようなトモキやショウゴのような子どもが、お荷物どころか学級のリーダー的役割を果たしているのです。

トモキとショウゴの成長のドラマはやがてクライマックスを迎えます。

それは、「トモキの暴力事件」です。

おとなしいカヨのお腹をけったのです。女の子たちは、トモキの暴力に黙っていませんでした。「女の子のお腹は、赤ちゃんが生まれる大事なところなげんよ」とユカ。さすが、クラス屈指のリーダーです。

さらにショウゴがたたみかけます。「おまえ、なんで暴力するげん。カヨが、何かしたんか」と。

「べつに。おれのこと見て笑ってたからや」とトモキ。

「それなら、口で言えや。いつも、お前は暴力や」と激しくショウゴは言います。

「おまえだって（暴力を）するがいや」

というトモキに対してのショウゴの次の言葉が素晴らしい。

「わけもないのに、関係のない者にはせんわ。なんで暴力なんや。兄ちゃんに何か言われてケンカになって、そのイライラで誰かに当たってるがでないがか」

トモキは沈黙です。この沈黙のあとにショウゴは気づきます。これがまた素晴らしい。

「そうなんか？　そうやからといって……」と言葉につまりますが、ショウゴのトモキへの共感が十分伝わってきます。しかし、ショウゴは、もっと大事な本音をトモキにぶつけます。涙ぐみながら。

「おれは兄ちゃんなんや。いつも兄ちゃんだからしっかりしろとか、我慢しろとか言われる。それが嫌や、兄ちゃんはそんや。お前、兄ちゃんの気持ちも考えろや」

ショウゴの気持ちに打たれたのは、安原さんだけではありませんでした。他の子たちも。そして、トモキも。たくさんの人がショウゴと出会い直すことができたのです。

Q●トモキの成長は？

トモキの暴力事件で出会い直しを経験した子どもたちの相互理解の進展ぶりは、大きいものがありました。

トモキは本当は寂しいのだ、寂しさの裏に誰かに自分を見てほしくて、自分の思いとはまったく違う行動をしているのだ。

ということが、みんなの目にも見えてきます。そして、みんなが受けとめていきます。

トモキの家の柿とりのイベントは、トモキを勇気づけてくれました。ショウゴは、「かきのみ　ちょうだいクラス代表団」の一人として選ばれました。トモキにとってショウゴは、大事な存在になっています。先の出会い直しによっての二人の関係の強まりを感じます。その後のトモキの変化の中にも、そのことが読み取れます。

Q●ショウゴの成長は？

その後、ショウゴは「かまきりクラブ」をつくりました。前なら世話を人に任せなかったのですが、今回は違っています。五〜六人で一緒に世話をしているのです。やがて安原さんのヒントがきっかけで昆虫館見学が実現します。親子四〇人の大がかりな昆虫館見学となったのだといいますが、その時リーダーシップを発揮したのは、ショウゴやマサキやユカでした。

ショウゴも、トモキも、学級になくてはならない大事な存在になっていったということがわかります。

ショウゴやトモキは下手をすると、問題児童として扱われてしまう傾向にあります。行動を監視され、みんなから注意されたり非難されたりする対象として見られていくことが多くなります。そうすると、本人の自己肯定感は低いままで、あり余ったエネルギーを否定的な負の行動でしか示さないようになります。しかし、安原さんがしたように、ショウゴやトモキのような子の肯定面を引き出し、集団のリーダー的役割を担うことを通して集団の中での活躍を引き出し、子どもの成長を導き出せるのではないでしょうか。子どもを肯定的にとらえ、可能性を最大限追求していこうとする考えが安原さんの指導から見えてきます。

ショウゴやトモキの成長と共に、学級の子どもたちの成長がみられるというのが安原さんの実践の特徴であり、リーダーの経験が人を変えてくれるということがよくわかる実践です。

Q●なぜショウゴやトモキを取り上げたのでしょうか?

安原さんは、リーダー指導の実践としてなぜショウゴやトモキを取り上げたのでしょうか。今回脇役として登場しているユカやマサキは、目立つ存在です。そして、リーダー的存在として活躍もしています。ショウゴやトモキの活躍の裏や表にユカやマサキがいるからですが、きっとそうした存在は、ユカとマサキだけだったのではないだろうと感じます。多くの子どもが、入れ代わり立ち代わりで活躍していたのだと思います。ユカやマサキに絞っても実践記録を書けたと思います。それでもあえてショウゴとトモキに絞って実践が語られました。その意味とは何でしょうか。

みなさんは、どのように受け止めましたか。

その意味はいくつか読み取ることができるかもしれません。私が、第一に受け止めたのは、子どもは〈誰でもリーダーになれる〉ということです。それを実際にやり遂げています。普通に考えるとリーダーからは遠い存在に見えるショウゴやトモキですが、安原さんは、いちばん遠い子をリーダー的存在に押し上げ活躍させ、自身の否定的な面と肯定的な面を見つめさせ弱点を克服させていきます。

そうした人間変革のドラマを見ることで他の子どもたちや大人たちの人間観や集団観が変わっていきます。集団の可能性を信じるのです。集団のもつ大きな教育力を知るのです。

リーダーづくりというのは、リーダーを育てることが目的ではありません。集団におけるリーダーの役割は、集団にとって必要なだけでなく、その個人の人格形成にとっても重要です。どの時期においてもそうですが、とりわけ低学年期は、リーダー経験によって自分の可能性を広げていくことができます。集団の役に立つということは、他者に認められることであり、自己肯定感を高めることにつながります。〈誰にもリーダー経験と成功経験を〉と言われるのは、以上のようなことを指しているからなのです。

さて、私たちの集団観、子ども観、リーダー観はいくらか変わったでしょうか。安原さんの実践をもう一度読み返して確かめてみてください。

地多さんは、直人くんへの指導を中心にして学級づくりを考えたことがわかります。誰でも、やはり学級の中で一番気がかりな子どもを見つけ、その子の指導をどうしたらいいか考えるでしょう。みなさんもきっとそうでしょうね。直人くんのような子をどうしたらいいか、その悩みは学級の当初からついてくるでしょうし、直人くんへの指導の構想なしには、学級づくりの先が見えてこないはずです。

直人くんの指導の構想の中で、地多さんのリーダーづくりはどのように行われていったのかを、一緒に考えていきたいと思います。勉強になる点が多いと思いますので、ていねいに見ていきましょう。

Q●直人くんはどんな子？　指導方針は？

直人くんは昨年度一〇月での転入生。それ以来、子どもたちの間では、「めちゃくちゃな子」と見られていました。まず、暴力性。自分の意見通りにならないと動かないとかじゃまをするという、攻撃的なわがままさが見られました。そして、独り言のように突飛なことを大声で言い続け、授業が中断することも。しかし、一方で知的なところもあり、好奇心、関心の強い面も見られたといいます。

育った環境や過去の体験についても触れています。父親は短気なところがあり、家庭で暴力をふるうこともあったといいます。小さい時から素直に言うことを聞かなかったせいでしょうか。一年生の時、通学団の女子に面白半分でいじめられたこともあったなど、直人くんは学校との出会いにもつまずいていたといいますが、二年生の時には、教育相談所に通い、両親でも話し合い、父親の接し方も変化してきたようです。発達障害傾向もあったのでしょうか。気になるところです。これで直人くんのことについての把握がほぼそろいました。

そんな直人くんのことを考えてつくった方針は、「直人くんの居場所をつくっていこう」ということでした。そのために「①直人くんの話を聞き、受け入れていく体制をつくること　②みんなの中で、一緒に楽しむ世界を広げること」の二つのことを考えました。

さて次は実践の展開になりますが、みなさんだったら、どのようにもっていくでしょうか。

Q●リーダーたちへはどのような期待をしたのでしょうか？

地多さんが、直人くんへの指導構想で一番大事にしたのが、リーダーの存在と役割です。担任は変わりましたが、クラス替えなしの三年からのもちあがりのクラスです。こんな場合、数日間の子どもの様子を観察していると、子どもの中のリーダー的存在が見えてきます。地多さんもそうやって、リーダーやリーダー候補を探したのだと思います。

リーダー的な子として大矢くん、田所くん、横山さんと酒井さんが上がっていますが、はじめからリーダーとして目をつけていたというくらいですから、目立つ子たちだったのでしょう。

「クラスの雰囲気をつくる存在であった」ことと「気軽に誰とでも話すという感じを受けた」ということで、この四人に注目しました。見る眼の正しさは後で証明されていきますが、「これらの子が直人くんをどう見ているか」これが最初のカギでした。それしだいで、この子たちとの対話をどう進めていくかを考えていくことにしました。

Q●どのように対話が行われたのか？

この子たちとの四月当初の対話は意図的に行われています。直人くんを注意するとき、これらの子をそれとなく呼んで、地多さんが直人くんに話すことを聞かせていました。直人くんの主張にも耳を傾けさせました。直人くんを理解させるためには重要です。

そうした試みの中で、四月半ば、「直人くんと語る会」を開きました。

地多さんの呼びかけで、リーダー的な子たちと直人くんを囲んでの会合です。直人くんは自分の思いを聞いてくれるこの会が気に入っていたようです。自分の不平不満を聞き取ってもらえなかったことや、今まで学級の中に居場所を見つけられなかったことなどがあり、「語る会」は、直人くんにとって今まで経験しなかったことでした。「語る会」の中で話し合われたことが学級の「帰りの会」での提案になり、直人くんの意見がクラスに認められることは今までにないことだったのでしょう。

「直人くんのうれしそうな顔を見たのは、その時が初めてだった」

と地多さんは書いていますが、その思いは、地多さんだけではなく、リーダー的な子たちのものでもあったのだと思います。「直人くんと語る会」はその後も続いていきましたが、それを支える気持ちはそんな思いからだったのでしょう。

Q ●「直人くんと和也くんのケンカを語る会」のもった意味は？

四月の後半に入って起きたケンカ。今までにない激しいケンカだったので、放課後、有志の話し合いをもつことにしました。地多さんからの呼びかけで、自分の教室でない部屋での集まりをもちました。

一八人の子が集まりました。学級会や帰りの会というよくある形態でなく、しかも学級全員での話し合いでなく有志の集まりであること、放課後であること、場所は教室でないことがよかったのでしょう。関心をもってくれる子たちの多いこと自体が直人くんにはうれしかったようですが、自分の主張を聞いてくれることが何よりもうれしかったのだと思います。

自分が間違っていたとしてもまずは「聞いてくれる」ということ、その中から素直に自分を見つめ直すということができていったのだと思います。私的な集まりである「直人くんを語る会」のメンバーが中心になって聞いてくれていることも、直人くんにとっては心強いことだったのだと思います。直人くんばかりでなく和也くんも自分の意見を言えたのだと思いますが、とりわけ興奮してトラブルの多い直人くんにとっては、「聞いてくれる」こと、「自分の気持ちを考えてくれる」ということがうれしかったのだと思います。そんな時は、誰でも素直になれます。直人くんは和也くんに謝ることができました。

この頃から、リーダー的な子と直人くんは気軽に話せる関係に育っていきます。今までの経験を通して、直人くんの心や思いを読み取っていくことができるようになったと言います。今までのリーダー的な子との対話、直人くんを入れての対話の積み重ねによる効果です。

Q● 直人くん人形チームってなに？　どのような良さが？

五月になってからの実践に登場する「直人くん人形」という発想はユニークですね。誰にやってもというのでなく、自分の気持ちを出しにくい直人くんだから効果があったというべきものです。直人くんは素直になれないで、結局損をしてしまう傾向の子です。

語る会の中で「言い返されると嫌になる」と口にしたことがヒントになって、「直人くんに対する文句を直人くんではなく直人くん人形に言うこと。そして先生が直人くんの代わりに謝る」ということを学級に提案することになりました。

直人くんは、自分が中心という感じなので、その気になり、直人くん人形作りまでします。授業中はその人形を自分の横に置いていたというのですから、面白いものです。すっかり「直人くん人形」の世界にはまり込みました。

先生や周りの子たちも直人くん人形の世界で楽しんでいます。全く深刻さを感じさせません。自治の世界で遊んでいます。取り上げられる中身は真剣なものだとしても、遊び的な対応によって深刻になったり感情的になったりせず、逆に素直に受け止めることができています。

直人くん自身が一番真剣に対応していたのではないでしょうか。

展開に順序性があることが面白いと思いました。地多さんの作戦だったのでしょう。直人くんへの苦情のある子が地多さんと直人くん人形に訴えに来る。すると地多さんが「ごめんなさいね」と謝る。そして「おーい、直人くん。先生謝っておいたよ」と。

この後の展開が面白い。直人くんは子どもと先生の会話に口をはさんだり、時には自分から謝ったり。やがて、「先生一人じゃ大変だなあ。先生がいなくても先生の役をやってくれる人たちがほしいなあ」といって、呼びかけをして、「直人くん人形チーム」を結成することになりました。

四月当初の「直人くんと語る会」のメンバーが中心になっていることはわかりますが、リーダー的な存在の子たちが広がっていることもわかります。それだけ、学級集団の力が強くなってきていることを示してくれています。

やがて、少しずつパニックのような状態は姿を消していったとありますが、自分が中心に置かれている満足感、みんなから注目されたり、日常の言動を認められたりすることによる自己肯定感が直人くんの変化や成長を生んでいったのだと思います。

Q●ここまでの実践の強みは？

「その後、班の独自活動やダンボールを使ってのおうち作りなどの中で、直人くんは、酒井さんを班長とする班で、楽しむ世界を広げていった」

とあります。直人くんの居場所づくりと周りのリーダーとの関係の発展がみられます。最初に掲げた方針が達成されていっていることがわかります。

いかがですか。方針を立て、それに向かって指導を展開していることがわかったのではないでしょうか。地多さんの思惑通りに行きました。

学級づくりというものは、教師の学級づくりへの思いや願いを、子どもたちに表明したり伝えたりすることから始まります。それを受けとめた子どもがリーダーとして、教師と共に学級づくりに参加してくるのです。

リーダーというのはまずは教師の思いを受けとめ教師とともに歩むところから出発しますが、そのまま教師の言うなりであったら学級づくりとしては、今一つだと言わなければなりません。

リーダー的な子どもを軸とした「直人くんを語る会」の構想は四月からもったことですが、その後の「直人くんと和也くんのケンカを語る会」や「直人くん人形チーム」という組織は、子どもと一緒に考えてつくっていったことがこの実践の強みになっています。

Q●それでも、リーダーたちに求めたものは？

一〇月です。学級づくりとしては、前に向かって進む絶好期でもありますが、一定の成果に安心して中だるみをする時期でもあります。

「おれは4の3のきらわれた存在だ。でも和也くんも、ちょっとかだいぶきらわれているのでほっとする」

直人くんの二行の作文を学級集団に投げかけてみることにしました。地多さんはこの二行のつぶやきのような作文から何を見つけたのでしょうか。

直人くんがいまだにみんなに嫌われていることを感じながら、一方で嫌われない存在になりたいと思い始めていると考えたからです。みんなと対等の関係でないことを感じているのです。リーダー的な子どもたちからは守られていますが、それは地多先生の思いを受け止めてのことです。今一つ飛躍がなければ、直人くんの自立も、リーダーたちの成長も歩止まりです。そのことに地多さんは気づいていたのです。

まず、班長会に出してみました。一定の手ごたえを感じて示したアドバイスは、「直人くんにもっと良くなってほしいっていう期待があるでしょ」「そろそろ、直人くんにこうしてほしいっていうのを言わないといけないいんじゃない」ということでした。本当は、子どもたちの側からそういう意見が出されてきたならばもっと良かったと思いますが、地多さんがリーダーたちの背中を押しました。

Q●「仲間ってなんだろう」の話し合いの意味は？

帰りの会の話し合いにもっていきましたが、子どもたち自身がリードしている話し合いとまではいきません。やはり、地多さんの後押しで討論が展開されていきます。直人くんは前に比べ変わってきたというのが子どもたちの意見。

地多さんはそれをふまえてから「でもみんなは直人くんに対してどう？」と問いかけ、核心に迫りました。「本当に直人くんも仲間って思っているの？」と迫ります。

〈仲間としての批判と要求を〉地多さんは期待したのです。

しかし、本当に仲間だと思っているのかという抽象的な問いかけにはなかなか思うような意見が出ません。子どもたちにとって直人くんの状況は、みんなに迷惑をかける行動が少なくなったということで満足しているのですから。

やがて話し合いは「一緒に遊ぼうって声をかける」「ケンカをしたら説得したり困っていたら助けたり」「いけないことはいけないって言う」などに、子どもたちの意見がまとまっていきました。

最後に、直人くんにやめてほしいこととして悪口や自分勝手などが出て、「がんばって直していく」という直人くんの決意が語られます。

「中心的なことは消えたね。直人くんがんばれよ」と言う学級リーダーの田所くんの声で、みんなの拍手が起こります。感動的な幕引きで、一定の成果を引き出すことができました。

このことは、直人くんの〈自立宣言〉であったと考えられますが、同時に、周りの子たちの〈仲間宣言〉でもあるわけです。はじめて対等な立場と関係を作ることになったわけですから、実践としては、この後がさらに大切になっていきます。

最後のページで、直人くんへのクラス集団の関わりが変化してきたことを伝えてくれています。直人くんの変化も語られています。

一〇月の直人くんの〈自立宣言〉も、学級の子どもたちの〈仲間宣言〉も、本物だったことを証明してくれています。

地多さんは、〈リーダーの願いを重視して〉として、リーダーづくりの筋道として意識したことをまとめています。①から④までありますが、一つひとつを、実践記録に照らして確かめてみるといいと思います。問題を抱える子との関係から見たリーダーづくりの展開について納得できるものと思います。

【子どものもつ可能性を引き出しながら揺さぶりをかけるリーダー指導の展開：丹野実践（高学年）】

丹野さんの実践記録はいつも独特の世界をつくっています。記録の書き方にも、題名や見出しの付け方にも、大事な意味がありそうです。この実践の題は、〈満月も今宵かぎり〉で、最後の見出しが〈女神は天秤を持って現れる〉です。どうしてこのようなタイトルをつけたのか考えてみるのも面白い読み方になるのかもしれません。難しくは考えずに。本人は楽しんでいるのですから。

記録の書き方にも、謎かけめいた書き方、想像はご自由にといった書き方が随所にありますが、丹野さんの実践の世界の面白さかもしれません。それゆえに読み取りにくいという人もいます。書くべきことを省いていると不満に思う人もいるようです。説明が不足しているのではと思わせる所もいくつかありますが、説明的に語ろうとしていません。文学的な物言いの中に言いたいことを伝えようとしています。そのつもりで味わってみるのも面白いでしょう。そして、二度三度読むこともおすすめします。

Q●田村にリーダーとして注目したのは？

丹野さんが田村をリーダーの一人だなと思ったのは、好きなもの同士で班をつくりたいと田村が言い出した時です。田村の意見が学級の多数派になったことと積極的に主張する田村の姿を見ての両方からでした。しかし、丹野さんは田村という子を客観的に冷静に見ようとしています。ここが丹野さんのリーダー観、子ども観として面白いところです。

田村は、剣道の県チャンピオンだといいます。学級の外遊びグループの中心です。こんな人物なら、何としても学級のリーダーにと飛びついてしまう人も多いでしょう。リーダーの中のリーダーではないかと。確かに、田村の影響力というものは、他の子と比べて大きなものだったのだと思いますが、田村は剣道通いだけでなく塾通いもしていて、学級だけが彼の居場所ではありません。そんな事情も見抜いていたのでしょうか。

はじめての班で田村がヤンマと偶然同じ班になった時の記述が、丹野さんのしたたかさを示しています。

「ヤンマの忘れ物を、なんとかしてくれんかな」

「あいつは、ああいうやつだから無理」と断られた。田村は剣道の県チャンピオンだ。合わないのだろう。

と、さらっと書いています。その後に

ドッジボール派と将棋派の二つが、くっつけば学級になる

と素早く学級をイメージしています。そのイメージにこだわりながら指導を展開していきますが、丹野さんの学級観が見えていて興味深いところです。

Q●ヤンマと竹造に注目したのは?

田村の発議によってできた「好きなもの同士の班編成」の時に、誰とも組めなかったヤンマと竹造。竹造は、初めからあきらめていました。ヤンマは「誰と一緒の班になったらいいんか」と言ってきて、結局、ヤンマと竹造と丹野さんと三人で班をつくることになりました。こういう動きをする子がいたらこんな班もありだと考えていたのでしょう。この後の丹野さんの意図が見えてきます。

> 彼らは、学級の隅っこにいた。そんな彼らが学級の中心に出てきたら、世の中が逆転したようで小気味いい。この二人にも目をつけた。

と書いています。大胆な発想です。そして、学級を大きく変える指導観です。子ども観、リーダー観としても重要な問題提起をしています。

竹造とヤンマは、やがてリーダーとしての仕事をやりきっていきますが、丹野さんは内に潜んでいるリーダーとしての資質も見抜いていたのかもしれません。竹造の母やヤンマの母も、積極的に関与してきています。子どもへの関心も普通以上です。もともと学級の隅っこにいるような子ではなかったのでしょう。竹造とヤンマは学級で排除されていたわけではなく、二人の価値が十分認められていなかったためではないかと思われます。

竹造とヤンマのもっている良さは、丹野さんによって見出され、学級集団に認められていきました。子どもたちの中にあった今までのリーダー観を変えてしまったのではないでしょうか。丹野さんが強引にそう思わせたわけではなく、竹造やヤンマのリーダーとしての実際の行動が、学級の子たちの見方を変えていったのだと思います。

Q●ヤンマと竹造と他の子たちをつなげたものは？

五月に入ってつくった将棋クラブが、ヤンマと竹造と他の子たちをつなげました。将棋クラブをつくったきっかけは、丹野さんが「将棋でもしませんか」と将棋にヤンマを誘ったこと。

その場の実況中継を竹造がしました。一年の頃からいたずら者で有名だったカマちゃんという子がすぐ近くで観衆になりました。ヤンマの将棋の腕前は、子どもたちの間では評判だったのでしょう。小学生の子どもに負けるわけがないと油断した丹野さんが負けてしまいます。

この時に、ヤンマの能力を発見。丹野さんは、ヤンマ、竹造、カマちゃんに将棋クラブづくりを働きかけます。ヤンマと竹造を軸として外遊びの苦手な子たちがつながるチャンスだと思ったのでしょう。いたずら者だというカマちゃんも仲間としてつながれば一石二鳥です。

やがて将棋クラブに入ってきたのは、学級の隅っこで小さくなっている男子や女子だったといいます。これをきっかけにバラバラになっていた子たちがつながっていきました。毎日一〇人前後の子が集まって、外に出て元気に遊ぶドッジボール派に対抗できる勢力になっていきました。

Q●お隣学級のガンちゃんという子は？

ヤンマが丹野さんを負かしたという噂はすぐに広がっていったに違いありません。やがて、隣の学級のガンちゃんが教室をのぞきに来ます。そして、丹野さんに将棋の試合を申し込みます。ガンちゃんは、三年の頃から不登校で、教室になかなか入ることができず、今は廊下から授業に参加しているということでしたが、将棋を介して丹野さんや、ヤンマ、竹造、カマちゃんとつながっていきました。将棋クラブは、学級を超えた子どもたちのつながりをつくっていきました。同好のクラブやサークルというのは、学級や学年を超えたつながりを育てていく可能性をもっているのだと教えてくれます。

ガンちゃんは、七月に行われた参加者三四人の将棋大会で、優勝を果たすのです。田村とガンちゃんの決勝戦。ガンちゃんのクラスの子が大勢応援してくれました。この時ガンちゃんは、応援してくれた子たちと一緒に自然に自分の教室に入っていったのだといいます。いい話ですね。いい形で、ガンちゃんの居場所づくりが進んでいきました。

Q●大きな飛躍のチャンス?

夏休み後の総合学習の実践は、学級にとっても学年にとっても、飛躍する大きなチャンスとなりました。夏休み中の学年教師団の話し合いがもとになって、実践構想ができていきます。福祉をテーマに「お月見会」をしようということからスタートします。「総合学習」の実践ですから、時間数も保障されていますし、校内外の応援も期待できます。条件が整っています。

丹野さんのこの実践の特徴は、学習と自治とを結びつけている点です。「総合学習の時間」と「特別活動」のねらいを組み合わせ、自治を大事にしながらの構想が教師間で合意されています。授業を通しながら、学級づくり・学年づくりが意識できています。

まず、四クラスの委員長会からスタートします。次に学年集会を開き、実行委員会をつくって取り組んでいくことを決めました。ここからすでに自治的な展開です。

丹野さんの学級では、ヤンマと竹造が立候補しました。この立候補の必然性は、一学期の将棋クラブや将棋大会の成功にあったのでしょう。二人が自信をもち、他の活動にも学習にも積極的に参加し始めていることから、学級内の支持も高まっていたのだと思います。「あと一人がいない」ということで、田村がしぶしぶ引き受けることになりました。ヤンマと竹造にとっては、またとない活躍のチャンスです。そして田村とのつながりの進展も期待できました。

Q●ヤンマや竹造たちが獲得したものは?

ヤンマと竹造は、「お月見会」の取り組みによって確かな力を獲得しました。今までは学級の中で、応援してくれる子たちに支えられての活躍でしたが、今回は、場面を大きく変え、自分の力に頼りながらの飛躍です。リーダー経験が、子どもの力を高めてくれるという好例です。公民館の館長さんに会いに行って説明したり、大人の実行委員募集のお知らせを出したりしたことも意識を大きく変えさせてくれたことだと思いますが、さらに、公民館代表、保護者の実行委員と子どもの実行委員との合同実行委員会の中心にいて会を進めていった経験は、二人の大きな自信につながっていったのだと思います。ヤンマと竹造の成長・変化は、大きなものでした。

保護者の実行委員の中には、ヤンマの母さんも竹造の母さんもいましたが、親の期待の眼差しも受けながら、親の前で活躍できたことは大きな自信につながっていったのでしょう。これは、他の子たちについても言えることです。

学習のねらいの一つでもあったのでしょうが、「子どもに、いろいろな大人と出会わせる」という活動を、リーダーたちだけでなく仕組んでいることがわかります。北村の母の話を伝えていますが、「お月見会」の取り組みの全体を貫いています。学校の内外の大人や子どもへの働きかけは、子どもたちにとっていい経験です。六年生全体が、学校のリーダー集団になっていき、やがて地域のリーダー集団になろうとしていく過程が見えてきます。

田村は、合同実行委員会のあと、

「意外と大人って、ものを知っているんやな」

と大人の新しい面を見つけています。子どもたちに映っている大人像を見直させながら、新しい大人像を見つけさせようとしています。そのために広くいろいろな大人と出会わせるように取り組みの中で仕組んでいます。

「一生懸命説明する子どもたちの様子。若い工場の人との会話。とっても良かったです。これが、勉強なんだって思えて」という北村の母の話は、その一端を伝えています。

Q●ヤンマと竹造は、田村とつながることができたのか？

お月見会は、千人という参加者で、成功裏に終了しましたが、獲得できた数々のものを整理していくことは重要なことです。その一つを残してくれているのが、実践記録の中の最後の記述です。放課後、実行委員会でまとめをした後のヤンマ、田村、竹造の会話です。こうした会話を聞き逃さないのが、丹野さんの優れたところです。子どもを見る眼の鋭さというのでしょうか。

「誰が何人呼んだかという表を見たら、タムちゃんは一人やろ。おかしくないか」

ヤンマが、田村を引き止めたところから、ドラマが展開します。

「その頃って、家族で夕飯食っている、言わばだんらんの時や。それをじゃまする気にはなれんのや。オレんうちには、ないけどな」

田村流の言い回しの中に、彼の本音がにじみ出てきます。ヤンマや竹造が、田村の本音や胸の内を引き出したことは事実ですが、田村自身にも自分を見つめ直したいところがあったからなのでしょう。

「どうしてないんか」

という竹造の突っ込みに、田村は自分自身の生活を初めて語ります。

「オレは月曜以外、六時から九時まで剣道しているやろ。それから塾に行って帰ったら一一時や。これでも忙しいのに、朝刊を配達しているんや」

その後、将来の目標やそれに向けての話に展開していきます。小学校六年生にとっては、「将来」は遠い問題ではないのです。

「ヤンマや竹造は、極楽過ぎて、将来どうなるのかな。想像を絶するなあ」

という言葉にヤンマは感情を逆なでされ、何も言い返せずに教室から出て行きます。その後も竹造との対話は続きます。

やがて途中退席していたヤンマが戻ってきて
「その人は、その人やろ。その人が自分の人生に向き合えばいい」
と、田村に言ってのけます。ヤンマの本心を吐き出した言葉です。田村とヤンマの対決は頂点に達しました。

「きみにとって、剣道って何ですか」

今まで黙って聞いていた丹野さんからの一言が、田村の心に迫ります。

「剣道って、何かな。きついなあ……」

田村は、何度もくり返して、教室を出て行きました。

Q●丹野さんは最後に何を伝えたかったのか?

いよいよ最後になりました。参加者千人という規模で成功に終わった「お月見会」。その余韻に浸るなかで交わされた田村とヤンマと竹造の対話。丹野さんは、読む私たちに何を伝えたかったのでしょうか。実行委員会の後の教室での三人の対話の中にいた丹野さんが感じたことを最後に考えてみましょう。


次の日、田村が丹野さんの所に来て三つのことを言いました。

「ヤンマの考えは甘い。でも、そのヤンマに食い下がられるとは、侮れん」

「ステージ作りながら汗を流して、こういうのもいいかな。少し考え直した」

「小さい頃いじめられて、剣道を始めた。剣道は、いじめから逃れる術かな」


一気に話すと、すっきりしたと言って戻っていったというのですから、前の日からずっと考えていたのでしょう。ヤンマと竹造との対話のなかで、自分の考え方や生き方が問い直されたのだと思います。丹野さんの一言も大きかったのだと思います。今まで考えなかったこと、考えていても口に出さなかったことなどが整理されて、言葉になったのでしょう。

その時、田村と丹野さんの会話の様子を見ていたヤンマが、ニコッとほほ笑んだとありますが、前日、田村との精いっぱいの対話であったけれど、自分の言いたいことが言えたというヤンマの満足感を伝えています。いつも上に立っている田村が、身近な存在に感じられたのでしょう。対等な関係を感じたのは、田村も同じなのだと思います。共感的な関係も築けたのでしょう。

丹野さんは、誰の考え方や生き方がいいとは言っていません。

ヤンマにしても竹造にしても、人格形成の基礎を築いている段階です。二人の場合、持ち前の自立心に磨きをかけること、自分への自信、他者への理解を育てるようにもっていっています。

田村には、人生の価値を見つめ直す時間を与えているような気がします。

田村とヤンマ、竹造との絡みでは、互いにもっていない側面を見つめさせるねらいが、丹野さんのなかにあったように思います。

さて、丹野さんの実践から学べたことを整理してみてください。

丹野さんは、実践の意図やその時々の指導の詳細はあまり語っていません。教師がどう考えていたのか、どのような指導をすすめたのかなど想像するしかない部分も多いですが、そうした書き方に、読み手であるみなさんへの丹野さんの〈意図〉があるのです。〈何が大事なことなのか〉を伝えようとしているのです。

おわりに

ぼくは中学校一年のとき、学級の書記をしました。ところがある女子が。

「借しよ。私が写しちゃん」

やってくれました。ちょうどそのとき、先生が来て、

「なんで人に頼んでるんか。責任をもってやれ!」

叱られました。(頼んだわけじゃないのに……)涙ぐみました。先生は、

「水道で顔を洗ってこい」

と、言いました。後にも先にも、学級の委員になったのは、これだけです。

そうそう、高校一年のときに、文化祭でぼくのクラスは劇をしました。シナリオを書き、主演しました。シンデレラです。ちょっとだけ、ヒットしました。二年になり、文化祭の季節。ぼくが……と思っていると、

「今年は、おれがシナリオを書くから」

と、肩をたたかれました。出番はありません。地味な子ども時代だったと思います。

それだけに、学校の先生になったとき、

「こんなしっかりした、すごい子どもと話せるんだ」

と、うれしくなったことを覚えています。子ども時代のぼくには、憧れの存在です。それが、教師を続けていくと、

「どうして思うように育たないんだ。もうちょっとなあ……」

思う夜がありました。時には沈み、悩みました。

よろこびも悲しみも人になる。ぼくの好きな言葉です。私たちの仕事は、よろこびや悲しみ、一つひとつの経験が私たちをつくり、その私たちが、子どもを育てるのです。

＊　＊　＊

シリーズ一冊目の『班をつくろう』に続いて、『リーダーを育てよう』が完成しました。

今回も一緒に仕事をしていて気持ちのいい人たちに恵まれました。

●古関勝則さんは、今回も、難しいところを受け持ってくれ、人柄のにじみ出るやさしい文章で語ってくれました。本当に頼りになる人です。

●中村弘之さんは、質問になんとか答えようと字数の何倍も考えてくれました。どんなことにも力を尽くす誠実な人です。バッサリ削ってもらいすみません。

●泉克史さんは、実に粘ってくれました。もう間に合わないかな、と思った頃に、素晴らしい原稿をくれる意外性の人でした。

●小野晃寛さんは、いつも面白いイベントをしている人です。期待を上回る愉快なイベントを書いてくれました。きっと、もっと長く書きたかったでしょうね。

●髙橋孝明さんは、子どもの頃からリーダーで、今も旭川のリーダーです。この人の周りには、い

ろんな人がいて、ぼくは彼を旭川の孔明と呼んでいます。

●地多展英さんは、見かけも心も実践も、スケールの大きな人です。一緒にラーメンを食べた時も、ビール片手にずっと子どもとの関わりを語ってくれました。

●安原昭二さんも、個性的な実践の世界をもっている人です。子どもの興味から出発し、保護者と対話し、共同して実践を進める代表的な実践家です。

＊　＊　＊

こうやって本を出版できるのは、「実践をたくさん載せ、一つの運動を起こしましょう」と、応援してくださるクリエイツかもがわの田島英二さん、カラフルで楽しい本に仕上げてくださった伊藤愛さんのおかげです。本当にありがとうございます。そして、前回に続きかわいいイラストを書いてくださった岩本みよ子さん。あなたのおかげで、もっと楽しい本になりました。

この本は、ぼくにとって新たな友人との出会いの場になりました。大和久勝先生をはじめ執筆者のみなさん、質問役を快く引き受け個性的に聞き込んでくださった四人の方、あなたたちは、ぼくにとってかけがえのない存在です。深く感謝しております。

最後にみなさん、どんな場所にも花は咲きます。いずれあなたの教室にも花が。この本は、あなたの教室にちょっとだけ早く、花を咲かせてくれることでしょう。

二〇一五年四月

丹野　清彦

● **執筆者**

泉　　克史（いずみ　かつし）第１章５、７

金沢市の小学校に勤務。趣味の将棋は４段。好きな言葉は、先を読む。しかし、教育実践の先を読むのは、今もむずかしい。

小野　晃寛（おの　あきのり）第１章８、９

松岡修造の熱血指導に憧れ教員の道を目指す。大分大学卒業後、小学校にて働き始める。大切にしている言葉「今を生きる」。

古関　勝則（こせき　かつのり）第１章４、11

福島大学、明星大学大学院卒業。福島市内の小学校勤務。主な著書に「子どもが主人公となる学校を」（明治図書）、「学級担任ハンドブック小学１年生」（たんぽぽ出版）など。

髙橋　孝明（たかはし　たかあき）第１章10

北海道旭川市の学校に勤務。富良野で勤務していたときに田中邦衛さんとサウナで話したことが最高の思い出。好きな言葉「ピンチこそチャンス」。

地多　展英（ちだ　のぶひで）第２章中学年

愛知県の学校に勤務。ラグビーを昔やっていて観戦するのが大好き。ちださん、ビールの喉ごしの音がいい音ですよねと、ほめられたことがある。現代思想、経済の本をよく読む。

中村　弘之（なかむら　ひろゆき）第１章６、12

金沢大学を卒業し、富山県の小学校に勤務。山登りの好きなアウトドア派で、時にクラスの子どもを連れてキャンプする。

安原　昭二（やすはら　しょうじ）第２章低学年

石川県の学校に勤務。やっしーの愛称で『紙芝居劇場』を毎週、開催している。休みは加賀、能登の海へ出かける。釣ってきた魚を料理することにも挑戦中。

● **イラスト**

岩本みよ子（いわもと　みよこ）

音楽科を卒業して歌のお姉さんに憧れる。絵のうまさが人気になり、ひよこ先生と慕われている。

●編著者

大和久 勝（おおわく まさる）
1945年東京生まれ。1968年早稲田大学教育学部卒業。2005年3月まで東京都の小学校教諭。現在、國學院大學講師、全国生活指導研究協議会常任委員。
主な著書に『アパッチの旗』（明治図書）、『「ADHD」の子どもと生きる教室』（新日本出版社）、『共感力―「共感」が育てる子どもの「自立」』（同）、『困っている親と困っている教師―対立から共同へ』（同）、『困った子は 困っている子』（クリエイツかもがわ）、『発達障害の子どもと育つ―海ちゃんの天気 今日は晴れ』（同）『対話と共同を育てる道徳教育』（同）。

丹野 清彦（たんの きよひこ）
大分大学を卒業後、小学校教諭になる。俳優・西田敏行さんのお兄さんと出会い、学級づくりについて学ぶ。2014年3月まで大分県の小学校で働き、北海道暮らしを楽しむ。現在は琉球大学准教授。全国生活指導研究協議会研究全国委員。
主な著書に『ドタバタ授業を板書で変える』（高文研）、『子どもと読みたい、子どもたちの詩』（同）、『子どもをハッとさせる教師の言葉』（同）、『少年グッチと花まる先生』（同）、『がちゃがちゃクラスをガラーッと変える』（同）など。いずれも著者名は溝部清彦。
第1章1、2、3、第2章高学年

はじめての学級づくりシリーズ2
リーダーを育てよう
2015年5月31日　初版発行

編　著●大和久 勝・丹野 清彦

発行者●田島 英二
発行所●株式会社 クリエイツかもがわ
〒601-8382　京都市南区吉祥院石原上川原町21
電話 075(661)5741　FAX 075(693)6605
ホームページ　http：//www.creates-k.co.jp
郵便振替　00990-7-150584

デザイン・装丁●菅田 亮
印刷所● T-PLUS ／為国印刷株式会社

ISBN978-4-86342-163-9 C0037　printed in japan

好評既刊

現代の教育課題と集団づくり　対話と共同を育てる道徳教育

大和久勝／著　今関和子／著

子どもたちが疑問をもち、迷い、考える教育的な時間としての道徳教育を！　道徳教育はどのように展開すべきか、子ども、地域の実態から教師、保護者の連携とともに創りだす「学び」としての道徳教育を実践事例から明らかにする。

1800円

「Kの世界」を生きる

京都府生活指導研究協議会・大峯岳志・中川拓也・高木安夫・福田敦志／編著

「最も重い課題を抱えた子ども」に焦点を合わせた指導法を追求。実践の出発で出会う「K」の苦悩をていねいに分析し、指導方針を立て、徹底して寄り添いながら、その社会的自立をどのように援助していくか、同時に「K」をとりまく集団の指導をどうするか……「K」を軸にした集団づくり。

1600円

〈いじめ〉〈迫害〉　子どもの世界に何がおきているか

全国生活指導研究協議会「いじめブックレット」編集プロジェクト／編著

深刻な結果をもたらしている「いじめ」にどう向き合ったらいいのか？
「いじめでは？」という初期から、いじめ事件への直接指導、いじめを乗り越える学校・学級をどう育てるかを学ぶ！

600円

ネット・セーフティー　スマホ・ネットトラブルから子どもを守る対応法

ニッキー・ジャイアント／著　金綱知征／監修　森由美子／訳

スマホやネットの正しい使い方を理解し、危険性を知り、安全に使うために。ネットいじめ、ゲーム依存、課金トラブルなどの危険から子どもたちをどう守るか、学校教育の対応法を提示！　授業でつかえる活動を４つのテーマにそって取り上げ、カリキュラム 23 で取り組む。

2000円

「お米（RICE）」を活用したESD　創造的な実践をめざして

宮城教育大学 ESD/RCE 推進会議／編著

①環境教育、②食文化・食育、③地域遺産・伝統芸能、④国際理解を幼稚園から大学までの教育実践や、植物学、農学、生態学からもみたイネと「お米（Rice）」を教材としたESD（＝持続可能な開発のための教育）活動を紹介。

2000円

海ちゃんの天気 今日は晴れ　発達障害の子どもと育つ

山岡小麦／マンガ　大和久勝／原案

● マンガで学ぶ「困った子は困っている子」
海ちゃんから学んだこと ── 子どもの成長を決めつけてはいけない。
発達障害とは「発達上のアンバランス」であり、
それは障害というより「特性や個性」として見ていくということ。
海ちゃんとともに育つ子どもたち、教師、保護者の実践物語。

1500円

困った子は　困っている子　発達障害の子どもと学級・学校づくり

大和久勝／編著　今関和子・日笠正子・中川拓也／執筆

4刷

● 「発達障害」の子どもは集団で育つ
「困った子」は、「困っている子」という「子ども観」の転換の重要性と、「発達障害」の子どもも集団の中で育つことを、小学校、中学校のすぐれた「集団づくり」の実践から明らかに。
「困っている子」へのヒントも具体的ですぐに現場で役立ちます！

1800円

本体価格で表示

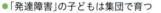